빅 마인드

Big Mind

빅 마인드

초간단 견성법, 이미 깨달은 나와 하나되기

데니스 겐포 머젤 지음 / 추미란 옮김

정신세계사

빅 마인드

ⓒ 데니스 겐포 머젤, 2007

데니스 겐포 머젤 짓고, 추미란 옮긴 것을 정신세계사 정주득이 2014년 11월 28일 처음 펴내다. 이균형과 김우종이 다듬고, 김윤선이 꾸미고, 한서지엽사에서 종이를, 영신사에서 인쇄와 제본을, 김영수가 기획과 홍보를, 하지혜가 책의 관리를 맡다. 정신세계사의 등록일자는 1978년 4월 25일(제1-100호), 주소는 03785 서울시 서대문구 연희로2길 76 A동 2층, 전화는 02-733-3134, 팩스는 02-733-3144, 홈페이지는 www.mindbook.co.kr, 인터넷 카페는 cafe.naver.com/mindbooky이다.

2021년 7월 13일 펴낸 책(초판 제4쇄)

ISBN 978-89-357-0385-2 03220

이 도서의 국립중앙도서관 출판시도서목록(CIP)은 서지정보유통지원시스템 홈페이지(http://seoji.nl.go.kr)와 국가자료공동목록시스템(http://www.nl.go.kr/kolisnet)에서 이용하실 수 있습니다. (CIP제어번호: CIP2014031388)

감사의 말

이 책을 쓰도록 독려해주고 열정적인 추천의 글을 써준 켄 윌버에게 감사한다. 그리고 이 책의 저술 작업에 영감과 아낌없는 격려를 주고 이 책을 위한 관대한 추천의 글까지 써준 할과 시드라 스톤에게도 감사한다.

단계단계마다 원고를 읽어주고 이런저런 제안을 마다하지 않은 사람들과 사전 서평을 해준 분들에게도 감사한다. 이들의 서평 중 일부는 뒷표지에 실었다.

원고 입력과 편집에 심혈을 기울여준 마크와 마거릿 이스터만에게 깊은 감사의 마음을 전한다. 나는 이 책의 초고를 아이들과 하와이 여행을 하던 열흘 동안 블랙베리에 입력하면서 썼고 어떤 부분은 전화로 불러주기도 했다. 그런 초고를 갖고 이들은 열 달 동안 작업하여 독자들에게 내보일 만한 책, 즉 읽을 만한 책으로 만들어주었다. 이들의 도움이 없었다면 이 책이 빛을 보는 데 훨씬 더 오랜 기간이 걸렸을 것이고 작업도 그렇게 즐겁지 못했을 것이다. 우리는 멋진 시간을 함께했다.

차례

추천의 글 — 켄 윌버 9
추천의 글 — 할 스톤, 시드라 스톤 15
저자 서문 19

1. 빅 마인드 빅 하트 21

2. 동서의 가교, 빅 마인드의 두 뿌리 33
　　목소리와의 대화가 작용하는 이치 37
　　문 없는 문 통과하기 41
　　특별한 경력도 준비도 필요 없다 47
　　비추구(Non-Seeking)의 길 48
　　누구나 할 수 있다 51
　　전환, 그리고 자아로부터 거리 두기 56
　　애쓰지 않기 58
　　관점 전환 59
　　궁극의 목표 — 온전하고 자유롭게 살기 61

3. 이 책으로 공부하는 법 65
　　목소리로 들어가기 71

4. 자아의 목소리들 75
　　보호자 77
　　통제자 80
　　회의자 85
　　두려움 88
　　화 92
　　상처 입은 자아 94
　　희생자 97

상처 입기 쉬운 순진한 아이 *99*

이원적인 마음 *100*

욕망 *101*

추구하는 마음 *103*

도를 추구하는 마음 *104*

도를 따르는 자 *106*

5. 비이원적이고 초월적인 목소리들 *109*

도 *111*

빅 마인드 *113*

빅 하트 *116*

여성적 자비 *117*

남성적 자비 *118*

통합적 자비 *119*

마스터 *121*

자유자재한 온전한 인간 존재 *122*

크나큰 환희 *125*

크나큰 감탄과 감사 *127*

위대한 바보, 위대한 조커 *130*

6. 트라이앵글:
이원성과 비이원성을 포용하고 그 너머로 나아가기 *133*

자아 *138*

무아 *139*

유일무이한 자아(자아와 무아 너머) *141*

두려움 *144*

겁 없음 *144*

진정한 자아('두려움'과 '겁 없음' 너머) *146*

이원적인 마음 *146*

비이원적인 마음 *150*

진정한 자아(이원성과 비이원성 너머) *153*

7. **열 가지 덕목의 완성** 157

　관용 157
　현명하고 적절한 행동 167
　끈기 혹은 올바른 노력 175
　인내 179
　좌선(선불교 명상) 181
　초월적 지혜 187
　방편 188
　의도 190
　힘 190
　궁극의 지혜 192

8. **깨어난 마음의 여덟 가지 자각** 197

　욕망 거의 없음 199
　만족할 줄 앎 201
　고요를 즐김 202
　성실함 202
　사려 깊음 203
　명상 204
　지혜 206
　주의 깊게 말함 207

9. **더 나아가기** 209

　수행하는 방법 213
　좌선 시 몸의 자세 215
　좌선 시 마음의 자세 218

추천의 글

— 켄 윌버, 통합사상가, 《무경계》의 저자

최대한 강력하게 말해보겠다. "데니스 겐포 머젤 선사가 발견, 창안한 빅 마인드 과정은 단언컨대 지난 두 세기 동안 불교계에서 일어난 가장 중요하고 가장 독창적인 사건이다." 빅 마인드 과정은 깨달음 혹은 진정한 본성을 향한 놀랍도록 독창적이고 심오하며 효과적인 길이다. 대단히 단순하고 보편적인 방식이라서 당신이 어떤 영적 경로를 따르든 그 안에서 활용될 수 있다. 혹은 빅 마인드 과정 자체도 진정한 자아를 깨닫기 위한 수행법으로 충분하다. 신, 알라, 여호와, 브라만, 도道, 아인 소프Ein Sof(유대교 신비주의에서 말하는 무한 개념 혹은 신, 옮긴이) 등 그 진정한 자아를 당신이 무엇이라고 부르든 상관없이 말이다. 그것을 무엇이라고 부르는지는 정말이지 중요하지 않다. 왜냐하면 빅 마인드 과정의 중심은 구체적인 내용이 전혀 없이 텅 비어(Emptiness, 空) 있어 생겨나는 모든 것을 포용하고 통합하기 때문이다.

선불교에서는 진정한 본성 혹은 궁극적 실체의 깨달음을 '견성見性'(진정한 본성을 꿰뚫어 보는 것, 혹은 빅 마인드와 빅 하트를 발견하는 것)이라고 부른다. 나도 해보아서 잘 알지만, 깊은 견성 상태를 끌어올리려면 보통 수년간의 극단적인 고행이 필요하다. 빅 마인드 과정을 따르면 선불교에서 말하는 견성 혹은 진정한 본성의 일견이 거의 순식간에 일어날 수 있다. 이것은 내가 반복해서 목격한 사실이다.

그렇게 진정한 본성을 한 번 보고 나면 사실상 원할 때마다 거의 즉각적으로 다시 볼 수 있게 된다. 그것은 곧 당신의 진정한 자아, 궁극적 실체, 모든 존재의 토대를 발견하는 것이다. 다시 말하지만 당신이 원하는 이름으로 부르라. 사람들은 하나인 것을 많은 이름으로 부르기 때문이다. 물론 이 최초의 ― 하지만 매우 강력한 ― 통찰 혹은 견성은 지속적인 수행을 통해 무한대로 깊어질 수 있으며, 겐포는 그런 깊은 깨달음을 위해 어떻게 지속적으로 명상할 수 있는지도 쉽게 가르쳐주고 있다. 아무튼 최초의 깨어남에 관한 한, 당신도 깨어날 것이다. 나는 진심으로 그렇게 믿는다.

겐포는 불교에만 의지해서 빅 마인드 과정을 끌어낸 것이 아니다. 겐포는 서양 심리학이 발견해낸 중요한 개념들 ― 특히 목소리와의 대화(Voice Dialogue) 개념과 하위인격 개념 ― 을 차용했고 동양의 최고(즉 명상 전통들 중의 최고)와 서양의 최고(즉 무한한 실재 대신에 유한한 현실, 유한한 자아들을 다루며 그것의 의식화와 치유와 통합을 돕는 것들)라고 할 수 있는 것들의 일부를 통합하는 놀랍도록 효과적인 방식을 발견해냈다. 가장 경이로운 점은, 그다음에 그는 다시 무한한 자아와 유한한 자아들을 통합해줄 쉽고도 효과적인 방식을 찾아냈다는 것이다.

빅 마인드 과정은 지금 있는 그대로의 당신의 마음과 의식상태를 다룬다. 견성이나 다른 어떤 깨어남의 경험도 한 적이 없다면 당신은 바로 지금 이 페이지를 읽고 있는 그것이 빅 마인드, 혹은 신, 혹은 영(Spirit)임을 모를 수도 있다. 그것은 너무나 가깝게 있고 또 너무나 확연해서 보이지 않는 것이다. 하지만 이 책(빅 마인드/빅 하트 수행을 위한 간단한 자습서)이 사실은 '이미 깨달은', 이미 영과 하나인, 이미 완전히 깨어난 당신 의식의 그 부분을 보여줄 것이다. 그것을 발견하고 나면 완전히 다른 세상이 열릴 것이다. 바로 지금 당신 손에 들려 있는 이 책이, 장담하건대, 당신의 마음을 눈 뜨게 하여 바로 지금 이 순간 당신의 진정한 자아(True Self)가 온전히 그리고 오롯이 현존하며 당신의 눈을 통해 보고 당신의 귀와 함께 들으며 두 손으로 이 책을 잡고 있음을 보여줄 것이다. 바로 지금 말이다! 그것은 늘 그래 왔듯이 보기에는 너무나 가까이 있고 알아차리기에는 너무나 확연하고 믿기에는 너무나 간단했던 것이다. 바로 이 책 속에서 그런 놀라운 발견이 당신을 기다리고 있다.

통합연구소(Integral Institute: 켄 윌버가 인류의 주요 지식분야의 다양한 관점들을 통합하는 씽크탱크로서 1988년에 설립한 연구소, 옮긴이)의 우리는 빅 마인드 과정이 매우 효과적이고 심오함을 깨달았고, 그래서 빅 마인드 과정을 연구소 프로그램, 세미나, '통합적 삶을 위한 연습'에 중요한 일부분으로 채택했다. 빅 마인드 과정은 거의 백 퍼센트 효과를 보였기 때문에 나는 이 책을 다 읽을 때 즈음이면 당신도 — 여전히 입문자일지라도 — 깨달은 자들 사이에 서 있게 될 것임을 예사롭게 혹은 거의 확실히 약속할 수 있다.

겐포는 동서양의 최고를 통합하는 이 빅 마인드 과정에 발달 심리학을 포함시키지는 않았는데 거기에는 이유가 있다. 간단히 말해 빅 마인드 과정을 진행할 때 당신이 지금 심리학적으로 어떤 단계에 있는가는 중요하지 않기 때문이다. 빅 마인드 과정은 사실상 주요 발달 단계들의 어디에서든 잘 작용한다. 원형적(magic), 신화적

(mythic), 합리적(rational), 다원적(pluralistic), 통합적(integral) 단계에 있든 혹은 초통합적(super-integral) 단계에 있든 상관없이 누구나 빅 마인드 과정을 할 수 있고, 늘 존재하며 모든 곳에 스며 있는 온 존재(All Being: 이 존재도 당신이 원하는 이름으로 부르면 된다)의 그 영원한 실체를 깨달을 수 있다. 원한다면 이 발달단계들이 빅 마인드의 단계들과 어떻게 맞물리게 되는지를 연구해볼 수도 있다. 겐포 노사는 통합연구소의 통합영성센터(Integral Spiritual Center) 창립멤버이고, 내가 나의 책 《통합영성》(Integral Spirituality)에서 설명했듯이 의식의 상태들(states)과 의식의 단계들(stages)을 서로 맞춰가는 방식을 연구하는 데에 중요한 역할을 해왔다.*

하지만 당신은 이 책과 이 간단하고도 심오한 과정으로부터 출발하여 당신만의 진정한 자아를 발견할 준비를 하시기 바란다. 그런 발견이 당신에겐 난생처음의 일일 수도 있겠지만 어쨌든 기쁨 가득한 경험이 될 것이다. 이 책에서 당신은 유한한, 혹은 이원적인 자아들(회의자, 통제자, 희생자, 상처 입은 자아, 분노, 추구하는 마음 등등)을 무한한, 혹은 비이원적인 자아의 많은 표현들(빅 마인드, 빅 하트, 통합된 여성/남성적 자비, 크나큰 기쁨, 크나큰 감사, 자유자재한 온전한 인간 존재)과 통합하는 법을 배우게 될 것이다. 즐겁게 읽다 보면 이 모든 것을 제대로 맛보게 될 것이다.

그러니 나의 친구여, 나는 당신이 이 책을 읽게 되어서 매우 기쁘

---

* 켄 윌버는 단기적인 상태(state)와 장기적인 단계(stage)를 엄격히 구분할 것을 강조한다. 요컨대 의식발달의 낮은 단계에 머물고 있는 사람도 일시적으로는 깨달음을 경험할 수 있다. 깨달음은 언제나 지금 여기에 있는 것이기 때문이다. 하지만 그는 자신이 속한 단계의 세계관 속에서만 그 경험을 해석하게 된다. 편집부 주.

고 당신이 현재 속에서 마음을 편안히 쉬면서 의식이 자유롭게 흘러가도록 허락하기를 바란다. 의식의 흐름에는 벽이 없기 때문이다. 그런 다음에 이 책을 읽기를 바란다. 아니면 그저 이 책에 흠뻑 젖어들어서 이 책 속의 말들이 당신을 씻으며 지나가게 하기를. 그러면 머지않아 '당신(you)'은 '당신(YOU)'이 될 것이다. 말하자면 나인 그것(IAMness), 당신만의 그 진실하고 무한하고 영원한 본성을 찾는 것이다. 진실로 이 책은 그 '나인 그것'을 깨닫게 하는 안내서이다. 바로 지금 이미 당신 눈을 통해 보고 있는 그 '나인 그것'을 깨닫게 하는 안내서 말이다.

이 책의 멋진 깨달음의 글들에 나만의 축복을 덧붙이면서, 나는 이 모든 것이 온 세상의 의식적 존재들에게 아름답게 바쳐져서 그들 또한 깨어나 자신이 진정으로 누구인지, 무엇인지를 발견하게 되기 바란다. 빅 마인드 안에는 고통을 지탱시켜주는 힘도, 증오와 분노가 살 집도 없다. 빅 하트 안에서는 그 고통과 증오와 분노의 자리에 감사와 기쁨이 영묘하게 솟아나 끝없이 깊은 이해와 끝없이 놀라운 감사 속에서 힘차게 춤출 것이다. 빅 마인드/빅 하트는 깨어난 기쁨과 행복과 자비와 지혜의 마르지 않는 분수가 된다. 그 분수는 당신의 마음과 가슴으로부터 솟아나 빛과 자유와 지복과 광휘와 축제의 기쁨을 세상 속으로 감당할 수 없이 쏟아낼 것이다.

그러니 나의 친구여! 나를 보고 내 말을 잘 듣기 바란다. 내 마음은 더할 수 없이 진지하다. — 이제 당신도 깨어날 때가 되지 않았는가? 당신은 얼마나 오랫동안 꿈속에서 헤매고 다녔는가? 지혜를 지닌 이들이 당신을 흔들며 "깨어나라, 제발, 이것은 단지 꿈일 뿐이다!"라고 말하는 소리가 들리지 않는가? 당신도 알고 있다. 그렇지 않은가? 당신 존재의 가장 깊은 곳에 있는 당신은 당신이 깨어날 수 있음을 알고 있다. 그렇지 않은가? 지금까지 얼마나 오랫동안 그 길을 찾아 헤매왔던가? 나는 지금이 길을 찾는 그 장대한 여행(Great Search)을 끝낼 때라고 생각한다. 길을 찾고 있는 한, 당신은 이 순간보다 나은 미래의 순간을 찾고 있는 것이다. 하지만 모든 열쇠는 지금 이 순간에 있다. 당신은 왜 깨어남으로부터 멀리 달아나고만 있는가?

그러니 찾기를 멈추고 심호흡을 한 번 한 후 지금의 이 순간 속으로 깨어나도록, 이 안내서를 읽기 시작하기 바란다. 그러면 당신은 결코 다시는 뒤를 돌아볼 수 없게 될 것이다. 그런 후에 당신과 내가 언제고 만나게 된다면 우리는 서로를 알아볼 것이다. 그렇지 않을까? 당신의 반짝이는 눈과 그 얼굴에 서리는 여린 미소와 그 가슴의 광채 때문에 당신과 나는 서로의 눈을 깊이 들여다보며 그 하나뿐인 자아(Self), 빅 마인드, 빅 하트를 발견하게 될 것이다. 그리고 밤낮없이 이어지던 그 끝없는 구도행의 그 끔찍한 고통의 색깔은 사라져 있을 것이다.

그리고 우리는 지금 여기서 당장 깨어나게 하는 이 독창적이고도 단순한 과정을 발견해준 데니스 겐포 머젤 노사에게 감사할 것이다. 그러니 나는 깊은 감사의 마음으로 겐포에게 고개를 숙인다. 그리고 이 책의 가치를 모든 의식 있는 존재들 앞에 바치며 무한한 축복과 함께 이 비범한 책을 당신의 손에 넘긴다.

2007년 2월
콜로라도 덴버에서

추천의 글
— 할 스톤과 시드라 스톤, 심리학자, 치유기법인 '목소리와의 대화' 창안자

이 책은 한 남자가 걸어온 놀라운 길을 보여준다. 겐포 노사는 서양에서 나고 자랐지만 초년기부터 드러났던 그만의 독특한 영성은 부인할 수 없는 무엇이었다. 겐포 선생에게 선불교는 자신의 심오한 영적 체험을 담아둘 그릇이 되어주었다.

우리는 1983년, 겐포 노사가 로스앤젤레스 선불교 센터에서 상급 교사로 일하고 있을 때 그를 처음 만났다. 그에 대한 할의 반응은 처음부터 초긍정적이었다. 센터의 내부적 상황은 매우 어려운 상태였지만 현실감각과 지혜를 겸비한 겐포는 그보다 더 사려 깊을 수 없게 일을 잘 해내고 있었다. 할이 그 선불교 센터에 직원을 한 명 보내서 선불교 공동체의 사람들을 대상으로 '목소리와의 대화'(Voice Dialogue)를 가르치기 시작한 것도 그즈음이었다. 그러다가 거기에 관심을 보이는 공동체 사람들을 대상으로 상시 모임을 진행하며 심리치료법을 계속 가르쳐나갔다.

그렇게 몇 해가 지나갔고, 그때 이후로 또 오랜 시간이 흘렀다. 그동안 우리는 겐포의 작업과 그의 영적 가르침이 발전해가는 모습을 정말 기쁜 마음으로 지켜봤다. 최근에 겐포는 빅 마인드를 각성시키는 기법의 개발에 몰두했다. 그가 빅 마인드 에너지에 접촉하기 위

한 그만의 독창적인 기법을 개발하는 데에 자아 심리학(Psychology of Selves)의 일부 기본개념들과 '목소리와의 대화'의 일부 측면들을 포함시켜준 것을 우리는 영광으로 생각한다.

목소리와의 대화법과 자아 심리학을 창조적으로 활용하는 사람들의 모습을 지켜보는 일은 지난 수년간 우리에게 큰 기쁨이었다. 우리의 기법을 토대로 사업경영자들과 함께 작업하기 위한 새로운 언어와 프로그램을 개발해낸 코치들과 경영 컨설턴트들이 많다. 댄스 테라피스트, 몸 중심 테라피스트들도 우리의 기법을 자기들의 기법에 접목시켜 활용한다. 사람들로 하여금 그들의 정신을 구성하고 있으며 몸을 통해 접근할 수 있는 많은 자아들을 구분해내고 경험할 수 있게 돕는 데에 말이다. 다양한 분야의 심리치료사와 상담가들뿐만 아니라 많은 영적 구도자, 점성가, 의사, 과학자들이 우리의 작업과 아이디어를 활용해왔다. 또한 우리의 작업에 공감하는 영적 구도자들 중에는 우리의 작업이 불교의 기본철학을 구현하고 있는 것으로 보고, 자신의 구도를 위한 하나의 틀로서 불교에 이끌리는 경우가 많은 것 같다.

목소리와의 대화는 그 실제 방식이 자아 심리학의 이론 및 응용법과는 다르다는 것을 아는 것이 중요하다. 목소리와의 대화의 실제 방식은 숙달된 촉진자가 내담자로 하여금 자신의 다양한 자아들의 에너지를 불러내고 탐구해보도록 도와주는 일대일 과정이다. 이 상황에서 촉진자는 특정한 자아에 집착하여 다가가려 하거나, 불려나온 자아와 관련된 어떤 특별한 일을 성취하려는 것이 아니다. 목소리와의 대화에서 자아들을 다루면서 우리가 이루고자 하는 목표는 반대극들, 즉 (현재 우리의 자아상과) 상반되는 에너지나 상반되는 자아들을 포용하는 '깨어 있는 에고'(Aware Ego)를 발달시키는 것이다.

하지만 나름의 이유로 어떤 촉진자들은, 사람들에게 가치 있는 특정한 자아들을 접할 수 있다는 점에 가장 높은 가치를 두기도 한다. 예를 들어 목소리와의 대화 촉진자들 중에는 에너지로서 '존재하기'를 촉진하는 데에 중점을 두는 사람이 많다. 우리네 서양문화에서는 무언가를 '하고', 무언가를 성취하기를 지나치게 강조한 나머지 그저 에너지로서 '존재하는' 경험이 대부분의 사람들에겐 결핍되어 있기 때문이다. 에너지로서 '존재하는' 경험은 종종 영적 에너지에 최초로 입문하는 기회가 되기도 한다.

특정한 에너지 혹은 자아를 강조하는 또 다른 예로는 주디스 스톤의 놀라운 작업을 들 수 있다. 주디스는 목소리와의 대화 상급교사 중 한 사람으로, '몸과의 대화'(Body Dialogue)라는 일련의 작업체계를 계발해냈다. 주디스는 목소리와의 대화를 이용해 사람들에게 몸의 소리에 귀 기울이는 법을 가르친다. 이 방법으로 주디스는 몸 자체와 몸의 다양한 장기들의 기능을 촉진시키는 놀라운 결과들을 얻어냈다.

겐포도 자아 심리학에 대한 자신의 지식을 활용하여 목소리와의 대화법을 응용하는 그만의 독창적인 방법을 개발해냈다. 겐포는 그때그때 나타나는 에너지들을 따라 움직여가는 대신 내담자가 빅 마인드, 그리고 그와 관련된 다양한 영적 자아들을 경험하도록 돕는 일에 특별히 주목한다. 우리는 점점 더 많은 사람들이 영적 경험에 목말라하는 시대를 살고 있고, 겐포는 갈수록 더 많은 사람들에게 그런 영적 경험을 제공하고 있다.

겐포는 영적 세계의 탐구자이고 영향력 있는 스승이다. 이 책은 그가 해온 탐구의 기록이다. 이 책에서 겐포는 자기 자신을 대상으로 목소리와의 대화법을 직용하는 방식을 통해 독자를 가르친다. 이를 통해서 겐포는 그 자신 안의 다양한 영적 목소리들이 독자들에게 직접 이야기할 수 있게 한다. 이 책은 겐포와 마찬가지로, 앞으로 나서서 말할 수 있도록 '초대받기를' 기다리는 영적 자아들을 가지고 있는 구도자들을 위해서 쓰인 것이다. 겐포의 작업이 환영받고 있다는 것은 이 방식을 통해 자아들이 살아나게 한 사람들이 많음을 뜻한다. 그리고 그들에게 겐포의 작업이 심금을 깊이 울린다는 뜻이기도 하다.

2007년 2월
캘리포니아 앨비온에서

편집부 주   기존의 자아 심리학(Self Psychology)이 자아를 발달하고 변화하는 대상으로서 바라봤다면, 스톤 부부의 자아 심리학(Psychology of Selves)은 우리 안에는 변하지 않는 복수의 자아가 공존하며 그것들이 서로 상호작용한다는 전제로부터 출발한 것이다.

모든 인간은 철저하게 나약한 무방비 상태로 태어나서 다른 사람들의 도움에 힘입어 생존하기 때문에 '스스로를 보호하려는 자아'가 가장 먼저 발달하게 되고, 그것은 우리에게 안전한 것과 위협적인 것을 분별하는 법을 가르쳐준다. 이 '보호자'(protector) 또는 '통제자'(controller)는 이후 환경과 문화, 훈육에 의해 덧붙는 다른 기초적인 자아들 ― 추구하는 자아, 회의하는 자아, 타인을 만족시키려는 자아, 분노하는 자아, 두려워하는 자아 등등 ― 과 결탁하여 우리 인격의 뼈대로서 기능하게 된다.

문제는, 특정 자아가 주인 자리를 차지할 때는 반드시 그 반대극의 자아가 외면당한다는 점이다. 예컨대 '통제자'의 반대극에는 나약한 자아, 주저하는 자아, 수용하는 자아가 있다. 이 반대극의 자아를 발견하지 못하는 한, 우리는 물속의 고기가 물의 존재를 모르듯이 스스로 '통제자'처럼 군림하면서도 자신이 그런 성향인지를 전혀 깨닫지 못하는 처지에 머물게 된다.

지금까지 동일시해온 자아들과 의도적으로 거리를 두고 그 반대극의 외면당한 자아들을 수용함으로써 객관적인 시야를 되찾는 것, 양극을 아우르는 '깨어 있는' 상태로 나아가는 것이 스톤 부부가 말하는 치유와 성장의 핵심요소다.

저자 서문

우리는 모두가 매우 힘겨운 시대를 살고 있다. 우리는 아이들, 부모, 배우자, 친구들, 사랑하는 사람들을 걱정한다. 그리고 모든 관계에서 좀더 온전히 소통하고 공감하고 싶어한다. 그리고 우리의 아이들과 가족이 — 그리고 우리 자신이 — 그 잠재력을 온전히 발휘하여 이 생에서 더 행복하고 더 즐거워지기를 바란다.

테러리즘, 원자폭탄, 지구온난화, 자연재해에 대한 공포는 차치하고라도 우리는 매일 일 때문에 스트레스받고 불안한 살림살이를 걱정한다. 그리고 어떻게 하면 자신에게 만족하며 살 수 있을지, 어떻게 하면 덜 두려워하고 덜 불안해하고 덜 화내고 살 수 있을지를 고심한다. 그리고 무엇보다도 어떻게 하면 오늘 하루를 무사히 보낼 수 있을지를 걱정한다.

우리 각자가 이런 고민과 문제들을 해결해내도록 이 책이 도와줄 수 있다. 이 책은 동서양의 만남이 낳은 최고의 도구라 할 만한 것을 제공한다. 그 도구가 당신을 도와 당신으로 하여금 당신의 생각과 느낌과 감정에 잘 대처하게 하고, 곤란한 문제들을 새롭게 보게 하고, 자아와 그것이 지닌 관념들에 대한 우리의 근본적인 집착이 어떻게 우리를 끊임없이 괴롭히고 불안하게 만드는지를 깨닫게 할 것이다. 이 책은 당신으로 하여금 자신을 좀더 분명하게 보게 하고, 한계가 분명한 자아의 관점에 대한 집착을 줄여주고 따라서 자유자재한 하나의 온선한 인간 존재로서 살도록 도와줄 것이다.

이 책은 35년이 넘는 세월의 공부와 시련의 산물이다. 그리고 모든 사람으로 하여금 자유롭고 충만하고 깨어 있는 삶을 경험하게 할 길을 추구해온 결과물이다. 이 책을 이해하기 위해서 불교 수행자가 될 필요도, 학자가 될 필요도 없다. 나는 매우 가치 있고 누구나 따를 수 있으며 절실히 요구되는 이 가르침을 세상 사람들에게 쉽게 전하고자 이 책을 썼다.

나의 길은 결국 선불교의 길에 이르렀지만 내가 따랐을 수도 있는 다른 수많은 길이 있고, 그 길들도 모두 결국에는 나를 같은 방향으로 이끌었을 것이다. 사실 앞으로 살펴볼 이 빅 마인드 과정을 처음 개발한 이래로 나는 이 과정을 아이들과 청소년에서부터 노인과 불치병에 걸린 사람에 이르기까지 나이를 막론하고 수많은 사람들과 공유해왔다. 빅 마인드 과정은 다양한 길에 있는 사람들 — 교육자, 의사, 치료사, CEO, 정치/경제 지도자, 변호사, 판사, 명상가, 운동선수, 예술가 등등 — 모두에게 효과가 있었다. 그리고 다양한 신념의 소유자들 — 가톨릭 사제와 수녀, 개신교 목사, 모르몬교 주교, 유대교 랍비, 힌두교 스와미, 티벳 불교의 라마, 선불교 선사, 회의주의자, 무신론자 — 에게도 잘 작용했다. 빅 마인드 과정은 분명 모든 믿음과 신앙체계와 양립할 수 있다. 그러므로 나는 우리 모두가 함께 가고 있는 그 길을 가는 데에 빅 마인드 과정이 유용하고 가치 있다는 사실을 모든 사람이 알게 될 것임을 확신한다.

1

빅 마인드 · 빅 하트

저자 노트 :

선불교 혹은 빅 마인드 과정에 익숙하지 않은 독자라면 책을 읽기 전에 15
분짜리 짤막한 시범을 먼저 들어보는 편이 좋을 것 같다. 이 시범은 내가 라
디오 인터뷰 시간에 쉴라 해밀턴이라는 젊은 여성과 나눈 완전히 즉흥적인
대화의 일부를 발췌한 것이다. 나는 쉴라 해밀턴을 그날 처음 만났고, 그녀
는 선불교나 빅 마인드를 처음 접한 상태였다. 당신도 이 대화를 재미있게
들으리라고 생각한다. 이것은 이 책을 이해하는 데에도 도움이 될 것이다.

＊북카페 정신세계(cafe.naver.com/mindbooky/5562)에서
　한글자막을 입힌 영상으로 보실 수 있습니다.
　스마트폰은 QR코드를 이용하시면 바로 연결됩니다.

일종의 초월적 자각의식(awareness) 상태인 빅 마인드Big Mind
와 빅 하트Big Heart가 존재하고, 누구나 쉽게 그것을 접할 수 있다.
이 초월적 자각의식 상태를 접해보면 우리는 그것이 진정한 평화와
행복과 만족과 용기와 기쁨의 원천임을 깨닫게 된다. 그런데 우리는
아직 그것을 접하는 방법, 즉 그것을 알아차리는 방법을 모른다. 다
시 말해 그것을 발현시킬, 혹은 구현할 방법을 모르는 것이다.

　나는 사람들이 이 자각의식 상태를 접할 수 있도록 도울 방법을
찾으면서 지난 36년을 보냈다. 그리고 많은 연구와 역경을 거친 끝
에 1999년 6월, 마침내 간단하고 효과적인 방법을 하나 발견했고, 그
이래로 그 방법을 갈고 닦아왔다. 나는 그 방법을 빅 마인드/빅 하트
과정, 혹은 줄여서 빅 마인드라고 부른다.

　어떻게 보면 이 모든 일은 1971년 2월 초의 그 주말에 시작되었다
고 할 수 있다. 나는 모하비 사막에서 다른 친구 두 명과 캠핑 중이었
다. 그러다 혼자서 근처의 나지막한 산꼭대기에 앉아, 어떻게 내 나
이 겨우 스물여섯에 벌써 이렇게 삶이 엉망진창으로 꼬이게 되었는
지를 곰곰 생각해보고 있었다. 나는 어떤 하나의 인연에 붙들려서 꼼
짝달싹 못하고 있었다. 처음 시작할 때는 분명 그렇지 않았는데 말
이다. 그전에 다른 인연에서도 나는 헤어지지 않으면 미쳐버릴 것 같

다는 생각을 했었다. 3년도 못 되어서 그 똑같은 느낌이 다시 고개를 쳐들기 시작한 것이다. 나는 사막으로 나와서라도 숨 쉴 공간을 찾아야 했다.

그 산의 꼭대기에서 몇 마일 떨어진 곳에는 우리가 두 밤을 보낼 작정으로 세워둔 폭스바겐 캠핑카가 서 있었다. 나는 캘리포니아 롱비치에 있는 나의 집을 생각했다. 나는 그곳의 해변과 길 하나를 사이에 둔 아파트에서 그녀와 살면서 초등학교에서 4~6학년 특수아동들을 가르치고 있었다. 마음속에 두 가지 의문이 떠올랐다. 내가 어쩌다 이토록 망가지게 되었을까? 그리고 나의 집은 어디인가?

나의 집은 어디인가? 이 질문은 누구에게나 좋은 출발점이 될 수 있다. 사실 뭔가가 빠져 있고 뭔가가 부족함을 처음으로 깨닫는 때가 그 시작이다. 그 부족한 것이 무엇인지를 우리는 모른다. 그것은 하나의 수수께끼다. 하지만 우리는 영성 혹은 간단히 자각의식이라고도 부를 수 있는 그것을, 말하자면 '일깨울' 수 있다는 사실은 어느 정도 느끼고 있다. 그리고 그것이 무엇인지에 대해서는 아는 것이 전혀 없기 때문에, 결여되어 있는 그 무엇을 찾기 시작하게 되는 것이다.

깨어난 마음은 끊임없이 일종의 신호를 보낸다. 깨어난 마음은 — 그것을 무엇이라고 부르든 — 늘 그 모습을 드러내려 하고 우리를 집으로 불러들이려 한다. 누군가가, 우리의 유일한 질병은 향수병이라며 우리가 아픈 것은 집을 떠나 있기 때문이라고 말했다. 그리고 물론 우리가 어디에 있든 간에 그곳이 바로 우리의 집이다. 하지만 우리는 그렇게 느끼지 않는다. 집에서 멀리 떠나 있는 것만 같고 우리 자신으로부터도 멀어져 있는 것만 같다.

그러므로 나는 우리가 오매불망 찾고 있는 것들 중의 하나는, 어디에 있든 상관없이 집에 있는 방법, 우리 몸을 집처럼 편안하게 느끼는 방법, 우리의 자아를 집처럼 편하게 느끼는 방법이라고 생각한다. 말하자면 일종의 회귀본능 같은 것이다. 집으로 가는 길을 놀랍도록 정확하게 알고 있는 비둘기처럼, 우리 또한 그렇다.

나는 그런 우리 자신을 '길을 찾는, 혹은 진리를 구하는 마음' 곧 구도심이라 부른다. 그 마음은 수시로 잠들어 있다. 그 마음이 깨어나는 순간 삶이 진정으로 변한다. 그 순간 우선순위가 뒤바뀌기 시작한다. 안전, 명성, 소유물, 부와 같은 그때까지 그토록 중요시했던 그 많은 것들이 갑자기 뒷자리로 밀려난다. 나 스스로 내가 누구인지를 발견하는 것이 그보다 훨씬 더 중요해지는 것이다.

1971년, 모하비 사막 한가운데 그 산의 꼭대기에서 나에게 일어난 일이 바로 그랬다. 갑자기 모든 긴장이 풀리더니 나는 완전히 새롭고 전혀 기대한 적 없었던 뭔가를 경험했다. 나는 우주가 되었고 창조자와 모든 창조물과 하나가 되었다. 그리고 모든 것이 서로 이어져 있어서 다른 모든 것과 관계하고 다른 모든 것에 영향을 주고 있음을 깨달았다.

그것은 마치 평생 정신 나간 상태로 살다가 처음으로 비로소 제정신을 차린 것과 같았다. 물론 훗날 내 어머니는 그 사건을 정확히 그 반대로 해석했지만 말이다. 난생처음으로 삶을 이해하게 됐고, 안전이나 부나 명성 같은 그때까지 내가 추구해온 모든 것이 공허하고 우스꽝스럽게 느껴지면서 내 마음은 평화로워졌다. 그리고 그 순간에는 그 경험을 다른 사람들과 공유하는 것과, 삶이라는 이 놀라운 여정에 대해 더 많은 것을 계속 발견해 나가는 것만이 중요했다. 그 두 가지 소망은 그때 이후로 늘 내 영감의 원천이 되었다. 그 두 소망이 이 이야기를, 이 책을 쓰게 한 동기이기도 하다.

당시의 나는 방금 무슨 일이 일어난 것인지를 전혀 설명할 수 없었지만 어떤 엄청난 일이 일어났다는 것만은 직관적으로 알았다. 나는 조금 전 그 산꼭대기로 올라왔던 그 사내로는 결코 다시 돌아갈 수 없었다. 어떻게도 묘사할 수 없는 강력한 에너지가 온몸으로 번져나갔다. 신과 내가 하나가 된 듯한 느낌이었다. 온 세상이 나이고 내가 온 세상이었다. 내가 모든 것이고 모든 것이 나였다. 평생 시속 100마일로 앞으로만 달리는 기관차였던 내가 돌연 유턴을 해서 정확히 반대 방향으로 가고 있는 것 같았다. 노력하지 않아도 엄청난 자비심이 절로 흘러나왔다. 중요한 것은 깨어나서 다른 사람도 깨어나게 돕는 일뿐이었다.

그날 저녁 친구는 내가 불교 선사처럼 말한다고 했다. 당시에 나는 선사나 선에 대해서는 아는 것이 하나도 없었지만 그날 밤은 그 모종의 에너지가 계속 나를 관통해 흐르는 통에 한숨도 자지 못했다. 내가 이 유한한 몸보다 더 위대한 무엇을 위한 하나의 도관이 된 듯했다. 다음날 아침 캠핑카 안에 앉아 있다가 나는 앞으로의 내 삶이 결코 예전 같지는 않을 것임을 깨달았다. 그리고 필요한 일이 무엇인지도 분명히 알게 되었다. 일요일 저녁에 롱비치로 돌아왔을 때, 나는 애인과 헤어지고 새로운 여정을 시작했다. 그 여정은 아직도 계속 이어지고 있다.

* * *

나는 이 세상에는 보이지 않는 뭔가가 더 있음을, 뭔가 더 위대한 것이 있음을 우리 모두가 감지하고 있다고 생각한다. 어릴 때 우리는 닿을 수 없는 곳, 영원 같은 신비한 개념들을 가지고 논다. ─ 나는 그랬다. 그런 놀이는 때로 신 혹은 심지어 죽음에 대한 경이의 형태를 띠기도 했다. 나는 특정한 종교적 환경 속에서 자라지 않았기 때문에 사후세계에 대한 구체적인 믿음은 갖고 있지 않았다. 그래서 죽으면 어떻게 될지를 가끔씩 생각해보곤 했다. 영원히 의식을 되찾을 수 없게 된다면 과연 어떨까? 그런 생각은 좀 무섭기도 했다.

우리 안에는 늘 질문하고 늘 추구하는 어떤 부분이 있다. 1973년에 내 여동생 캐럴과 나누었던 대화가 생각난다. 나는 마린 카운티에 있던 그녀의 집에 머물던 중 그녀에게 "나는 누구이고 어디로 가고 있으며, 이 모든 것에 무슨 의미가 있고 나는 왜 여기 있는가?" 같은 의문을 품어본 적이 있느냐고 물었다. 그녀는 대답했다. "흠, 한 번 물어본 적은 있어. 그리고 그런 질문을 계속하면 미쳐버릴 것 같았지. 그래서 다시는 질문하지 않았어." 당신도 알다시피 그녀가 옳았다. 그런 문제에 대해 너무 많이 생각하다 보면 겁이 나게 되어 있다.

향수병 외에도 우리는 뭔가를 추구하고 의문시하는 마음을 들여다볼 수 있다. 완성을 갈망하고 온전함과 충만함을 느끼고 싶어하는 그 마음 말이다. 어떤 사람들은 완성을 갈망한다. 그리고 나 같은 사람들은 해방과 자유를 갈망한다. 그리고 또 다른 사람들에게는 대문자 T로 시작하는 진리(Truth), 신성(Divine), 신, 절대자 혹은 실재(reality)를 갈망한다. 그리고 또 어떤 사람은 깨달음 혹은 깨어남을 갈망한다.

그 초월적인 진리를 일컫는 이름은 많다. 우리는 붙잡을 수 없는 것을 붙잡으려고 많은 단어를 사용한다. 문제는 그것이 붙잡을 수 없다는 데 있다. 붙잡는다는 것은 당연히 붙잡히는 것과 붙잡는 것이라는 두 가지를 요구하는데, 실재는 둘 혹은 이원적인 것이 아니기 때문이다. 실재는 붙잡을 수 없다. 그것은 붙잡히는 것과 붙잡는 것 그 너머에 있다. 그래서 붙잡으려는 행위가 부질없어지는 것이다.

그래서 절대적인 것을 향한 일반적인 방식의 추구와 갈망과 탐구가 제대로 먹히질 않는다. 어떻게든 우리는 둘로 나뉜 상태, 곧 이원성 너머로 나아가야 한다. 현재까지 그런 일은 오직 두 가지 방식으로만 가능했다. 즉, 그것을 추구(혹은 비추구)하던 중에 신의 은총에 의해 신성을 접하게 되거나, 여러 해에 걸친 노력과 공부와 명상과 기도 끝에 어느 순간 우연히 그 어떤 업의 작용에 의해 그곳에 다다르는 방식 말이다. 자신이 그곳에 있음을 발견할 때, 우리는 자신이 늘 그곳에 있었다는 사실을 깨닫는다. 그곳이 우리의 집이다. 우리가 결코 떠난 적 없는 집이다. 그런 상태, 그런 자각의식 상태는 늘 거기에 있고 늘 접할 수 있다. 그것을 깨닫는다는 것은 더도 덜도 아니라 우리가 이미, 진정으로, 누구인지를 깨닫는 것이다.

그것을 깨닫는 것이 왜 그렇게 어려운 걸까? 1971년 2월, 그 최초의 경험 이후 내가 계속해온 질문이다. 그동안 선불교의 선사가 될 정도로 참선 전통을 따라 계속 수행해왔지만, 나는 선禪도 그 자각에 도달하는 하나의 길임을 알 수 있었다. 전통적인 선 수행을 통한 깨달음은 한도 끝도 없는 시간이 걸릴 것 같지만, 선은 불교에서 돈오교頓悟敎라 불리기도 한다.

그래서 나는 빅 마인드를 일깨우는 직접적이고 즉각적인 방법이 마땅히 있어야만 한다고 생각했다. 우리는 오랜 세월의 수행과 훈련을 거쳐야만 갑작스런 깨달음이 오는 것으로 알고 있다. 그 상태가 늘 존재하고 있다면 그것에 대한 갑작스런 깨달음을 왜 누구든지, 언제든지 원할 때마다 얻을 수가 혹은 실현할 수가 없는 걸까?

그 오랜 세월 내가 천착해왔던 질문이 이것이었다. 나는 시간이 문제라고 생각했다. 지금처럼만 계속 간다면 깨달음은 요원해질 것이다. 우리의 과제는, 지금까지는 세상의 위대한 영적 전통들 속의 몇몇 뛰어난 구도자들에게만 가능했던 깨달음을 실현하도록 사람들을 돕는 것이다.

1973년 로스앤젤레스 선 센터(Zen Center of Los Angeles)에서 선 입문 강의를 시작한 이래로 지금까지, 그리고 다소 전통적인 방식으로 선을 가르쳤던 과거 25년 동안에도 나는 항상 다양한 가능성들을 실험해보곤 했다. 그러다 1978년, 〈빅 마인드가 안내하는 명상〉이란 것을 만들어냈고 그것을 빅 마인드라 불렀다. 1971년 그때 내가 경험했던 것이 빅 마인드/빅 하트였기 때문이다. 〈빅 마인드가 안내하는 명상〉에서 나는 참가자들에게 먼저 그들이 처한 현재의 실제 상황으로부터 출발해서 주변 사람들을 마음속에 포용하기 시작하도록 안내하고 그다음엔 그 방, 그 마을, 그 도시, 그 주, 그 나라, 이 세상을 포용하고 마침내는 온 우주를 포용하도록 안내했다. 그 정도로 의식을 확장하고 나면 그들은 초월적 상태 혹은 한계 없는 상태가 된다. 그런 방식도 좋았다. 하지만 그 상태로 몇 년이 흐르는 것을 행복하게만 바라보고 있을 수는 없었다. 어쩐지 모르게 나는 그 빅 마인드 안내 명상보다 더 간단하고 더 직접적인 방식이 있으리라는 것을 늘 알고 있었다.

그러다 1999년 6월, 뭔가가 나타났다. 약 아홉 달 동안 나는 마치 임산부가 된 것만 같았다. 뭔가가 내 속에서 자라고 있다는 것을 알았지만 그것이 무엇인지는 전혀 알 수 없었다. 그러던 어느 날, 내 55세 생일 즈음에 있었던 어느 워크숍에서였다. 나는 전체 그룹이 지켜보는 가운데 — 약 50~60명의 사람들이 있었다 — 한 젊은 남자를 대상으로 명상 과정을 진행하고 있었다. 나는 빅 마인드의 목소리에게 말을 걸었는데, 바로 그 순간 빅 마인드 과정이 탄생했다. 그는 명상 초보자였고 선을 공부한 적도 없었지만 그가 입을 열었을 때 그 말이 얼마나 명료한지, 나는 한 방 얻어맞은 것처럼 정신이 번쩍 들었다. 나는 그의 의식이 전환되어 있음을 깨달았다. 내가 그의 빅 마인드에게 말을 거는 순간, 그는 이미 거기에 있었던 것이다.

그 오랜 세월 — 그때까지 25년 — 동안, 학생들로 하여금 정말 자아 너머로 나아가게 하는 작업은 너무나도 어려웠다. 우리는 물론 열심히 공부에 매진했다. 엄청난 시간 동안 좌선과 공부를 하다 보면 어떤 사람들은 마치 순전히 운이 좋았던 것처럼 자아의 한계를 깨고 나올 수 있었다. 경계와 제약에서 벗어나 지금 내가 빅 마인드/빅 하트라 부르는 그 광활한 곳을 발견하는 것이다. 그런데 여기 이 신참내기가, 나는 그저 빅 마인드가 되어서 말해보라고 했을 뿐인데 그것을 해낼 수 있었던 것이다.

이리하여 빅 마인드 과정이 탄생했지만, 단지 하나의 예감으로나마 그것이 그 형태와 모양을 드러낸 건 그 후 석 달이 지나 내가 유럽에 갔을 때였다. 처음부터 나는 개인적인 이유로 이 빅 마인드라는 명칭을 계속 사용하기로 마음먹었다. 벤 머젤Ben Merzel이라는 내 아버지의 이름을 머릿글자로 기리고 내 스승 타이잔 마에즈미 노사와 내 아들 타이를 기억하기 위해서였다. 일본어에서 타이란 크다(大)는 뜻이다. (일본어로 빅 마인드는 타이신Taishin 혹은 다이신Daishin이 될 것이다.) 그렇게 그것은 빅 마인드라는 이름을 이미 가지고 있었지만 아직도 그 모습을 제대로 갖추지는 못하고 있었다.

지금은 그로부터 8년이 넘었지만 빅 마인드 과정은 여전히 발전해가는 도정에 있고 아직도 그 모습을 드러내가고 있는 중이다. 빅 마인드 과정이 어떤 방식을 통해 성장해갈지는 나조차 아직도 모두 알 수 없지만 나는 빅 마인드 과정이 이 나라와 바깥 세계에서 사람들로 하여금 자신의 의식을 확장시켜가도록 가르치고 돕는 하나의 방법으로서 중요한 역할을 하기를 소망한다.

이제 빅 마인드는 나의 모든 가르침을 완전히 관통하여 통합되어 있다. 그 기법은 너무나 단순하여 누구나 쉽게 접근할 수 있으므로 이 책의 첫 부분부터 바로 빅 마인드를 소개하는 것이 사실상 가장 현명한 방법임을 나는 확신한다.

2

동서의 가교, 빅 마인드의 두 뿌리

1983년, 로스앤젤레스 선 센터는 위기에 빠져 있었고 우리는 그 모든 혼란과 스트레스에서 벗어나려면 어떤 식으로든 치유작업이 필요하다고 느꼈다. 우리는 할과 시드라 스톤 부부를 초대하여 우리 모두를 위한 치유작업을 부탁했다. 그래서 그때 우리 중 대다수가 할 스톤과 함께 목소리와의 대화법 공부를 시작하게 되었다.

　　할과 시드라는 목소리와의 대화라는 특별한 치료과정 혹은 치료 기법을 개발해냈다. 할과 시드라는 둘 다 심리치료 분야에서 풍부하고 다양한 경력을 가지고 있었다. 할은 융 심리학 분석가였고 로스앤젤레스 융 분석 심리학협회의 회장이었으며 게슈탈트 요법이나 그 외 당시 유행하던 심리요법들에 대해서도 잘 알고 있었다. 그리고 시드라와 함께 1970년대에 목소리와의 대화 치료법을 개발해냈다.

　　우리 서양인들에게 목소리와의 대화는 아시아의 선 수행법이 놓치고 있는 것을 제공해주는 것처럼 느껴졌기 때문에, 나는 목소리와의 대화가 선 수행과 더할 나위 없이 상호보완적이라고 생각했다. 이제는 선사가 된 세 명의 수행자를 포함하여 우리 대부분은 할과 시드라의 집을 일주일에 두 번씩 방문하여 두세 시간씩 목소리와의 대화를 공부하기 시작했다.

　　목소리와의 대화의 두 뿌리는 융 심리학과 게슈탈트 심리요법이다. 목소리와의 대화 과정의 요지는 의식의 깨어 있는 수준 혹은 자각상태의 수준을 높이는 것이나. 나는 심리치료사는 아니지만, 바로 이 목적 때문에 목소리와의 대화야말로 현존하는 모든 심리요법 중에서도 가장 건전하고 가장 훌륭한 치유법이라고 평가한다. 물론 질병의 종류에 따라, 그리고 사람의 성향에 따라 다양한 종류의 치유법이 존재한다. 하지만 목소리와의 대화는 그 효과가 굉장히 뛰어나다.

내가 목소리와의 대화를 사랑하는 이유는, 그것이 선 수행을 진정으로 건전하고 탄탄하게 만들어주기 때문이다. 참선 자체는 기본적으로 급진적인 수행법이다. 모든 집착을 끊고 우리를 묶고 있는 모든 끈과 사슬을 끊는, 끊고 끊고 또 끊는 수행으로서, 끊는 것이 선의 모든 것이라고 해도 과언이 아니다. 그런 선은 때로 우리로 하여금 발밑에 디딜 바닥이 없는 느낌이 들게 한다. 특히 심리적인 면에서 더욱 그렇다.

로스앤젤레스 선 센터(ZCLA)에서 짧게는 몇 년, 길게는 10년이 넘게 수행해오면서 우리는 일종의 깨어남, 즉 일종의 저절로 열리는 경험을 하는 사람들을 많이 봐왔다. 하지만 기본적으로는 우린 여전히 엉망인 상태였다. 영적 수행 그 자체가 늘 가려운 곳을 시원하게 긁어주는 것은 아니었다. 영적 수행을 한다고 해서 깊은 곳에 있는 우리의 심리적 문제들을 늘 제대로 다룰 수 있게 되지는 않았다. 사실 우리는 자신의 문제 위에 뭉개고 앉아서 20년이든 30년이든 40년이든 보낼 수 있다. 그것이 좌선(just sitting)의 부정적인 측면이다. 전통적인 선 수행에 매진하여 공안(지성으로 얻을 수 없는 통찰을 불러오는 질문들)을 타파해나가면서도 여전히 그 모든 것의 진짜 핵심에는 전혀 가

닿지 못하게 될 수도 있다.

목소리와의 대화는 이렇게 우리에게 다가왔고, 덕분에 우리는 매우 서양적이고 심리적으로 매우 건전한 어떤 것 속에다 발을 디디기 시작할 수 있었다. 우리는 모두가 ─ 아니, 최소한 몇몇은 ─ 말할 수 없이 소중하고 중요한 어떤 것을 만났음을 깨달았다. 그래서 우리는 목소리와의 대화 요법을 계속 추구하게 된 것이다.

나는 목소리와의 대화를 사랑하지 않을 수 없었다. 나는 목소리와의 대화야말로 서양에서 선이 그 뿌리를 내리기 시작하는 과정에 절대적으로 필요한 것이라고 느꼈다. 그리고 내 수업 전반에 걸쳐서 목소리와의 대화를 활용하기 시작했다. 목소리와의 대화 워크숍도 시작했다. 그러다 1998년 즈음에 그 이름을 '선禪 대화'로 바꾸었다. 나의 관심의 초점이 목소리와의 대화의 심리학적 측면들보다는 선 공부에 그것을 활용할 방법 쪽으로 옮겨갔기 때문이었다. 그 후 선 대화는 다시 발전하여 1999년에는 '빅 마인드 과정'이라 불리는 것이 되었다. 그러니까 빅 마인드는 선불교와 목소리와의 대화라는 두 개의 뿌리를 갖고 있는 셈이다.

목소리와의 대화가 작용하는 이치

할과 시드라는 우리 중 어떤 한 사람의 내면에 있는 모든 측면들, 즉 모든 하부인격들이 사실은 다른 모든 사람들의 내면에도 있다는 사실을 잘 알고 있었다. 추측건대 그것은 융 심리학적인 이해이다. 이 하부인격들은 인정받지 못한 채 그림자로만 존재할 수도 있다. 살면서 우리는 때때로 자신의 특정한 측면들을 완전히 외면해버리는데, 거기에는 대개 어떤 이유가 있기 마련이다. 그것을 싫어하거나 느낌이 좋지 않은 것이다. 그렇게 우리 자신의 특정 측면에 대한 그런 판단이 내려지면 우리는 그때부터 그 판단을 고수한다. 때로는 언제 왜 그런 판단을 내렸는지조차 다 잊어버렸어도 그 판단을 고수한다. 예를 들어 나는 화내는 것을 좋아하지 않을 수 있다. 혹은 화내는 것은 옳지 않다고 믿거나 부모님으로부터 화내는 것은 좋지 않다고 배웠을 수도 있다. 그때부터 나는 나의 화를 외면한다.

하나의 목소리가 외면당할 때의 문제는, 그런다고 해서 그것이 완전히 사라지지는 않는다는 데 있다. 다만 지하로 내려가서 나도 모르는 비밀이 되거나, '은밀한 작용'의 형태로 그 모습을 드러내는 것이다. 그때 나는 상대에게는 매우 화가 난 것처럼 보이지만 정작 나 자신은 그 화를 자각하지 못하는 상태가 된다. 내 안의 그것을 모든 사람이 보지만 정작 나 자신은 보지 못하게 되는 것이다. 그리고 나는 다른 사람들 속에 있는 화를 대면하기도 싫어한다. 그래서 화내는 사람을 싫어한다. 아니면 화내는 사람을 굉장히 두려워할 수도 있다. 그것도 아니면 화내는 사람에게 화를 낼 수도 있다. 다른 사람의 화를 볼 때 내가 더 화를 내는 것이다. ─ 나 자신의 화가 외면당했기 때문이다. 그런 나를 잘 들여다보면 나에게 어떤 외면당한 목소리가 있는지를 쉽게 알아낼 수 있다. 어떤 사람에게서 내가 싫어하는 성격을 본다면 그것은 내가 외면한 성격일 가능성이 높다.

스톤 부부는 우리가 해야 할 일이란 그 외면당한 목소리들이 드러나게 하고, 촉진자의 도움을 받아 그들에게 말을 거는 것으로 그들을 밝은 세상으로 끌어올리는 것뿐임을 깨달았다. 그러면 그것들은 다시 포용된다. 목소리와의 대화는 우리가 그 외면당한 측면들에게 목소리를 주어서 밝은 세상으로 끌어올린 다음, 우리 삶 속으로 통합하는 과정을 시작할 수 있도록 도와준다.

빅 마인드 과정도 그런 외면당한 목소리들을 밝혀내지만, 빅 마인드 과정은 거기서 훨씬 더 나아간다. 1983년 나는 할이 나에게 열쇠, 그것도 마법의 열쇠를 하나 건네주었음을 깨달았다. 나는 그 열쇠로 많은 문을 열었다. 그 열쇠는 우리가 해왔던 선 수행의 훌륭한 보완재였고, 우리를 심리적으로 더 건강한 사람으로 만들어주었다. 하지만 그것이 실제로 초월적 경지로 향한 문을 열어주는 열쇠라는 사실을 나는 1999년 6월이 되어서야 깨달았다.

늘 존재하지만 한 번도 깨어난 적 없는 자아의 측면들이 있다. 이것들은 외면당한 것이 아니라 단지 포용된 적이 없는 것들이다. 그래서 나는 그것들을 깨워지지 않은 목소리라고 부른다. 그리고 빅 마인드 — 뭐라고 부르든 간에 이 초월적 상태 — 도 존재한다. 단지 일깨워지지 않은 채로 말이다. 우리가 해야 할 일은 거기에 있는 그 깨어나지 않은 목소리들 혹은 측면들을 일깨우는 것이다.

다시 말하자면, 할과 시드라가 하부인격의 목소리들이 존재한다는 것을 알아냈던 것처럼, 나는 초월적인 측면의 목소리들이 존재한다는 것을 알아냈다. 28년의 수행 끝에 나는 빅 마인드, 빅 하트를 비롯한 우리의 모든 초월적 측면들이 우리 각자의 내면에 늘 존재함을 알아냈던 것이다. 나는 그것을 추호의 의심도 없이 백 퍼센트 확신했다. 1999년 6월까지 내가 알지 못했던 것은, 우리가 그것들을 아주 쉽게 만날 수 있다는 사실이었다.

70~80년대, 심지어 90년대까지 그 시대의 우리 수행자들은 모두

열심이었고 길고 어려운 좌선수행 과정도 다 겪어냈다. 우리는 90일 안거까지 해냈다. (1988년 메인 주의 바 하버에서 매일 열 시간 동안 좌선수행을 하는 90일 안거에 들어갔었다. 30일째 되는 날과 60일째 되는 날에만 휴식을 취하며 빨래를 했다.) 그런 장기간의 안거에서 우리가 얻어낸 것은 오래 앉아 있을 수 있었다는 사실, 그리고 피로였다.

자신을 지치게 만드는 것은 에고를 제거하기 위한 전통적인 전술 중의 하나였다. 우리가 피곤해지면 에고도 피곤해지기 때문이다. 그때 우리는 더 이상 싸울 힘도 저항할 힘도 없어진다. 그러다 어느 시점이 되면 포기하고 패배를 인정한다. 그 항복의, 내맡김의 순간에 깨달음이 온다. 이것은 수천 년 동안 내려온 방법으로 그 유효성이 입증된 방법이다. 그러니 당연히 2천 5백 년 동안이나 그 유효성이 입증되어온 어떤 것을 개선하겠답시고 나서려면 엄청난 용기가 필요하고, 우리가 왜 노선사들을 뛰어넘을 수 없느냐고 함부로 대드는 자는 온갖 놀림을 다 받게 된다.

빅 마인드 과정을 내 수업에서 처음 사용하기 시작했을 때, 오랫동안 나를 따랐던 학생들 중에서도 일부는 정말이지 심한 거부감을 드러냈다. 나의 그런 시도가 어떤 사람들에게는 거의 이단에 가까운 행위처럼 보였던 것 같다. 소위 말하는 전통적 방식이 아니었으니까 말이다. 그때까지 나는 거의 28년 동안이나 전통을 따르던 사람이었다. 빅 마인드 과정이 전통적인 수행법보다 어떤 식으로든 조금이라도 열등하다고 느꼈다면 나는 그것을 그렇게 끈질기게 사용하지 않았을 것이다. 뛰어난 선 수행자이든, 영적 수행에 대해 아무것도 모르는 사람이든, 거의 모든 사람이 그 초월적인 목소리들을 접할 수 있게 해준다는 점은 나를 끊임없이 놀라고 감탄하게 했다. 그리고 그 목소리들을 경험한 이들이 내뱉는 말이 명쾌하고 정확하고 절대적으로 정직하다는 점에도 놀라고 감탄하지 않을 수가 없었다.

그와 같은 의식의 전환은 방 안에 있는 모든 사람이 관찰할 수 있었고, 그 광경을 목격한 모든 주요 전통의 뛰어난 지도자들을 — 심지어 회의론자들까지도 — 놀라게 했다. 물론 그것을 직접 관찰하거나 스스로 그 과정을 경험해보기를 거부하는 사람이 있는 한 빅 마인드 과정에 대해 회의적인 사람은 늘 있을 것이다. 내가 이 글을 쓰고 있는 지금도 그것은 불가능한 일이라고 확신하는 사람들이 있다.

그래서 나는 빅 마인드 과정에 대해 사람들이 품을 모든 회의와 의심과 비판을 기꺼이 떠안고 가려 한다. 무엇보다도 빅 마인드 과정이 1999년 이전까지 내가 따라왔던 수행법에 비해 훨씬 더 우수함을 알기 때문이고, 그러므로 옛날로 되돌아갈 수는 정말 없기 때문이다.

문 없는 문 통과하기

선불교는 무문관無門關, 곧 자아와 초월적 상태 사이의 장벽을 논한다. 우리는 그것이 문 없는 문이라는 것을, 즉 애초에 통과할 문 혹은 장벽이란 없다는 것을 잘 알지만, 어떻게 하면 다른 사람들도 그것을 깨닫게 만들 수 있을까?

서양의 심리학, 특히 할과 시드라의 연구를 통해 나는 무엇이 그 문을 잠가놓는지를 깨닫게 되었다. 할과 시드라가 준 그 열쇠 혹은 선물이란, 우리 모두의 내면에 그 문 앞에서 우리를 저지하고 감시하는 경비원 혹은 감시자가 존재한다는 통찰이었다. 나는 그 문 앞에서 있는 두 감시자를 '통제자'와 '보호자'라고 부른다. 그 문을 통과하려면 허락이 필요하다. 그 문 안에 있는 것, 그 사원의 담 안에 있는 것들과 접촉해도 된다는 허락 말이다.

입장을 허락받기 위한 최고의 비법은 물론 공손하게 구는 것이다. 요청 그 자체도 마술을 발휘한다. "구하라. 그러면 주실 것이요…"라는 말도 있지 않은가? 우리는 "통제자님, 들어가도 되겠습니까?" 혹은 "통제하고 보호하시는 님, 들어가도 되겠습니까?" 혹은 "~분과 이야기해도 되겠습니까?"라고 말하며 입장을 허락해줄 것을 요청한다.

초월적 상태에 다다르기 위해서 우리가 배운 보통의 전통적인 방식은, A지점으로부터 B지점으로 가기 위해 고군분투하며 많은 에너지를 쏟아 붓는 것이다. 하지만 상대적인 세상에서는 노력하면 되지만 지금 우리가 논하고 있는 영역에서는 그렇지 않다. 1973년 난생처음으로 공안이란 것을 받았을 때, 나는 그전에 늘 잘 통하곤 했던 모든 방식을 시도해봤다. 그 공안과 실제로 하나가 되기 위해 몸과 마음과 내 모든 에너지를 다 쏟아 붓고 내 모든 것을 내던지며 처절하게 애썼다. 그것은 마치 머리를 벽에다 계속 부딪는 것과도 같았지만, 아무런 소용도 없었다. 그러다 마침내 나는 노력을 포기하고 그것을 놓아 보내야만 한다는 것을 알게 되었다. 모든 것을 단념하고 자신을 진정으로 내맡겼을 때, 나는 거기에 있었다. 내가 단념한 것은 무엇이었을까? 바로 그곳에 도달하려고 애쓰는 노력이었다.

어떻게 하면 다른 사람들도 그렇게 하게 만들 수 있을까? 이 의문으로 인해 빅 마인드 과정이 그 모습을 나타낼 수 있었다. 그곳에 '도달하려고', 혹은 무언가가 되려고 애쓰는 대신, 그저 내가 당신에게

"아무개와 이야기해도 되겠습니까?"라고 물을 때 당신은 '그 아무개가 되어서' 말할 수 있는 것이다. 그것이 모든 시도와 노력과 시간과 공간을 불필요하게 만들어놓는다. 그러므로 내가 '빅 마인드의 목소리'와, 혹은 '추구하지 않는 마음'과, 혹은 다른 어떤 목소리와 이야기해도 되느냐고 묻는 순간 당신은 거기에 있게 된다. 그것은 항상 거기에 있으므로 그것은 늘 현존한다. 그것이 미스터리처럼 보이는 것은 단지 우리가 그것을 접하는 방법을 모르기 때문이다.

자아와 타자, 나와 너, 이것과 저것을 초월하는 순간 우리는 거기에 있게 된다. 하지만 그것이 항상 존재함에도 우리는 그것을 접하지 못하는 것 같다. 우리는 무엇을 구하고 원하고 애쓰는 세상에 늘 익숙해 있기 때문이다. 우리는 한정된 자아의 관점 속에 빠져 있다. 하지만 우리의 진정한 본성에는 경계가 없다. 자아도 없다. 자아란 일종의 한계에 지나지 않는다. 자아란 물거품을 지탱시켜주는, 물거품의 표면장력과도 같은 것이다.

빅 마인드 혹은 무아(No-Self) 혹은 무심(no mind)에게 대화를 청하는 순간 그 물거품이 터지고, 우리는 그 거품의 표면 밖, 즉 자아의 한계 밖에 있게 된다. 그때 우리는 자아가 단지 텅 빈 공기주머니일 뿐임을 깨닫는다. 혹은 자아란 것이 단지 하나의 개념 혹은 생각일 뿐이며 진실로 자아란 없다는 사실을 깨닫게 된다. 그 망상 속의 자아는 마음(Mind), 곧 빅 마인드의 한 현현(a manifestation)일 뿐이다.

우리에게 자아가 필요할까? 물론 필요하다. 그렇다면 하루 24시간, 일주일 내내 그 자아와 우리를 동일시해야 할까? 물론 아니다. 그 자아와 우리 자신을 동일시할 때, 곧 스스로를 그 자아로 여길 때부터 우리는 두려움과 불안과 스트레스와 고통 속에서 살게 되기 때문이다. 우리 자신을 경계 없는 그것, 즉 빅 마인드 — 빅 마인드는 단지 하나의 이름일 뿐이니 우주의식(universal consciousness) 등의 나른 온갖 이름으로 불러도 된다 — 와 동일시하면, 다시 말해 자아와의 동일시를 멈추면 더 이상 두려워할 것이 없어진다. 자신을 그 붙잡을 수 없는 것, 그 이름 지을 수 없는 것과 동일시할 때 모든 두려움이 사라진다. 그러면 우리는 두려움 없는 삶을 살 수 있다.

하지만 우리는 한계를 지닌 자아의 시각, 즉 이원적인 마음이라 부를 수 있는 것에 갇혀 있다. (이것과 정신분열 혹은 다중인격 같은 심리학적 상태와 혼동하지는 말기 바란다.) 이원적 사고는 모두가 당연한 것으로 여기는 사고방식이다. 우리 모두가 대부분의 시간을 이런 방식으로 사고하기 때문이다. 우리는 모든 것을 이원적으로 바라본다. 그래서 늘 주체와 객체, 나와 너, 나와 세상, 나와 나의 생각들이 있는 것이다. 또 우리는 늘 모든 것을 옳고 그름, 선과 악, 나와 타자, 아름다운 것과 추한 것이라는 한 쌍의 반대극의 맥락 위에다 두고 바라본다. 우리가 오랫동안 훈련받아 조건화되어 있는, 세상을 바라보는 방식이 그렇다.

하지만 가끔은 아무런 판단 없이 한 그루의 나무 혹은 아름다운 석양을 바라볼 때도 있다. 그것을 보면서 우리는 자신에게 저건 못생긴 나무라느니 멋진 석양이라느니 입을 대지 않는다. 그것에 대한 견해라는 걸 갖기 전에, 아름답거나 추하다는 판단 없이 단지 그것을 바라보기만 한다. 비이원적인 인식의 순간, 순수하게 바라보기만 하는 순간인 것이다.

물론 옳고 그른 것은 구분해야 한다. 하지만 명상할 때처럼 마음의 평화를 구할 때조차 이원적인 사고를 멈추지 못하는 것은 하나의 장애다. 그것은 마치 잠자고 싶은데 머릿속의 지껄임을 멈추지 못하는 것과 같다. 잠들려고 애쓰면 애쓸수록 점점 더 어려워진다. 혹은 자동차 기어가 한 군데에 끼어서 고정되어 있는 것과도 비슷하다. 모든 기어가 유용하게 쓰일 수 있는데 당신의 차는 그 하나의 기어에만 고정되어 있는 것이다. 비이원적인 마음은, 잠을 자야 할 때 혹은 명상을 해야 할 때처럼 필요할 때 그 내면의 대화를 잠잠해지게 만들어줄 수 있다. 이원적인 마음은, 수십 가지 종류의 다양한 빵이 진열된 빵가게에서 어느 것을 살지 결정을 내려야 할 때 꼭 필요하다.

평소에 우리는 비이원적인 시각으로 세상을 바라보지 않는다. 비이원적인 관점은 우리가 갈망하지만 잡히지는 않는 것이다. 우리는 진실, 실재, 신, 자연, 우리의 진정한 본성, 우리 자신, 그리고 타인들에게 더 가까이 다가가기를 열망한다. 하지만 우리는 마치 우리 자신을 딱딱한 얼음덩어리로 얼려버린 것만 같다. 우주의 자연스럽고 유연한 흐름을 붙잡아서 얼려놓고는 그것에 '나의 자아'라는 이름을 붙여준 것만 같다. 그런 다음 다른 얼음덩어리와 관계를 맺기 시작하고 친밀해지기를 원하고 가까이 가고 싶어하지만, 두 개의 얼음덩어리가 서로 사랑하려고 한들 제대로 될 리가 없다. 안 되는 것은 안 되는 것이다. 물론 어찌어찌 사랑을 하지만 우리 모두가 그토록 필사적으로 구하고 있는 진정한 친밀함, 그토록 열망하는 그것을 얻지는 못한다. 우리는 문제를 만드는 그것이 다름 아니라 자아임을 보지 않는다. 내가 문제인 것이다!

일단 내가 문제라는 것을 깨닫게 되면 힘이 생긴다. 그때까지는 희생자인 척하고 걸어다니거나 뛰어다니고, 더 흔한 경우로는 거짓

말하고 다닌다. 그리고 내 문제를 놓고 다른 모든 사람과 모든 것을 손가락질한다. 내가 문제임을 깨달을 때까지 나는 문제가 무엇인지를 전혀 알지 못하고, 그러면 그 문제에 대해 할 수 있는 일은 아무것도 없다.

내가 문제임을 깨달을 때 — 선불교적인 표현으로 내가 바로 공안임을 깨달을 때 — 나는 모든 문제의 원인인 그 한정적이고 제한적인 자아와의 절대적 동일시를 멈추는 것으로 문제를 해결할 힘을 얻게 된다. 어떻게 그럴 수 있을까? 간단하다. 자아 대신 자아의 경계 너머에 있는 것과 나를 동일시하면 된다. 그럼 그것은 무엇일까? 그것은 무아, 빅 마인드, 무심, 진정한 자아 등, 당신이 부르고 싶은 이름으로 부르면 되는 그것이다. 나 자신을 예컨대 빅 마인드와 동일시하고 나면 나는 모든 것이 빅 마인드임을, 내가 모든 것이고 모든 것이 나임을 깨닫는다. 무한히 작은 것들로부터 무한히 큰 것까지, 모든 것이 다 나다.

전통적인 선 수행에서는 그런 동일시의 전환을 첫 번째 장벽의 타파로 본다. 우리는 한정된 관점을 깨고 나온다. 자아를 우주의 중심으로 봄으로 해서 그 우주의 모든 것이 자아에게 위험하고 위협적인 것으로 보이게 하는 그 관점 말이다. 비록 첫 번째 장벽이지만 그것은 대단한 타파이고, 그때부터 우리는 두려움과 불안과 스트레스 상태에서 살기를 그치고 두려움을 벗어난 무애자재한 삶, 자신이 처한 조건에서 다른 사람이나 다른 것들을 탓하지 않고 자신의 삶에 스스로 책임지는, 원래 우리가 살도록 되어 있는 그런 삶을 살게 된다.

특별한 경력도 준비도 필요 없다

빅 마인드 과정의 놀라운 점은, 아무런 준비도 특별한 경력도 필요 없이 누구나 쉽게 접근할 수 있다는 것이다. 초월적인 측면과 이야기할 수 있도록 허락해달라고 그저 바로 요청하기만 하면 되기 때문이다.

이 과정을 처음 발견했을 때 나는 이 과정을 잘 작동하게 하는 특별한 공식 같은 것이 있으리라고 생각했다. 그러다가 나는 로마로 통하는 길은 많다는 것을 깨닫게 되었다. 초월적 측면으로 다가가는 길은 단지 하나의 공식이 아니라 수도 없이 많았다. 지금은 거의 모든 길이 로마로 통한다고 느낀다. 내가 택하는 거의 모든 방향이 나를 집으로 이끈다. 그 집으로 다른 사람들도 안내하면서 말이다.

이것은 한편으로는 빅 마인드 과정 자체가 뛰어나기 때문이고 다른 한편으로는 누구나 이 과정을 해낼 수 있다는 확신을 내가 키워왔기 때문이다. 촉진자라면 모두 그런 확신을 키워야 할 필요가 있다. '그들이' 할 수 있다고 믿는 것과 '누구나' 할 수 있음을 아는 것은 다른 얘기다. 누구나 언제라도 할 수 있다는 바로 그 앎, 바로 그 신뢰와 확신이 사람들에게 그것을 정말로 해내게 하는 힘을 준다. 그들에게 필요한 것은 이 과정을 기꺼이 밟아보겠노라는 마음가짐뿐이다.

그들은 아무것도 믿을 필요가 없다. 그저 기꺼이 해보겠다는 마음만 있으면 된다. 기꺼이 하겠다고 한다면 못할 이유가 아무것도 없다. 다시 말하지만 그들은 아무것도 믿을 필요가 없다. 다른 누군가를 신뢰할 필요도 없다. 단지 그들이 할 수 있다고 믿고 확신하는 나, 혹은 다른 촉진자를 어떻게든 신뢰하면 된다. 왜냐하면 촉진자인 나는 그들에게 힘을 줄 나의 기운을 그들이 북돋아줄 수 있게끔 만들기 위해서 그들에게 힘을 주고 있기 때문이다. 영화 〈세리 맥과이어〉에 나오는 대사 같이 말이다. "당신을 도울 수 있도록 날 도와주세요."

비非추구의(Non-Seeking) 길

동양이든 서양이든 명상센터에 가면 일단 명상법을 일러준다. 호흡을 따라가면서 생각이나 감각에 꼬리표를 붙이거나 호흡을 세는 것처럼 간단한 것일 수도 있고, '나는 누구인가?' 같은 깊은 의문을 궁구해야 할 수도 있다. 이 모든 명상법의 공통점은, 원하는 목적지 혹은 마음의 상태에 도달하기 위해서는 뭔가를 해야만 한다면서 할 일을 주는 것이다. 사람들에게 그냥 앉아만 있으라고 하는 경우는 거의 없다. 하지만 이런 전통적인 수행법들의 경우 돌파구를 찾아서 마침내 그 모든 추구가 터무니없는 것이었음을 깨닫게 되기까지는 여러 해가 걸릴 수도 있다. 진리 혹은 깨달음의 추구 그 자체가 실제로 우리가 추구하는 것을 얻지 못하도록 가로막는 장애물이기 때문이다.

우리의 모든 추구는 자아로부터 나오게 되어 있다. 달리 말하면 모든 추구는 욕망과 탐심의 산물이다. 욕망과 탐심의 마음상태는 만족을 모르고, 거기에는 끝이 없다. 추구하고 있는 한 우리는 눈앞의 그 어떤 것, 혹은 그 어떤 통찰이나 성취에도 절대 만족할 수 없다. 그 욕망과 탐심이라는 기어에 고정되어 있는 한 만족은 불가능하기 때문이다. 우리는 늘 더 많은 것을 원한다. 따라서 무엇을 발견하든 그것은 결코 우리가 원했던 것이 될 수 없다. 우리는 그저 끊임없이 더 많은 것을 원하기만 할 뿐이다.

빅 마인드 과정은 우리로 하여금 중립 기어를 찾게 한다. 특정 기어에 고정되어 있지 않고 필사적으로 무엇을 추구하지도 않는 마음 상태에 도달하게 한다. 다시 말해 빅 마인드 과정은 기어의 전환을 가능하게 한다. 1단에서 2단으로, 또 3단, 4단, 심지어 5단으로도 쉽게 전환할 수 있게 된다. 다시 말해 저속 기어든 후진 기어든 필요할 때마다 전환할 수 있게 해준다. 빅 마인드 과정은 우리에게 완전한 자유를 준다. 그래서 슈퍼마켓에 간다면 원하는 물건을 찾을 수 있게끔 욕망하고 구하는 마음으로 마음상태를 쉽게 전환할 수 있다. 하지만 버스 정류장이나 하와이의 해변에 앉아 있을 때는 마음이 그런 식으로 작동할 필요가 없다. 마음은 평화롭게 휴식을 취할 수 있다. 이처럼 마음상태를 자유자재로 바꿀 수 있는 능력은 엄청난 자산이다.

편안하고 평화로워지기 위해, 무엇을 찾아 돌아다니지 않기 위해, 그리고 뭔가를 그토록 필사적으로 구하지 않기 위해 기어를 중립 상태로 전환하는 법을 배울 수 있다면 우리는 내가 열반의 마음이라고 부르는 완전한 평화와 자유의 마음도 발견할 수 있다. 그러므로 명상을 하려고 방석이나 의자에 앉을 때, 추구하지 않고 붙잡으려 하지 않는 마음과 대화하고 싶다고 그저 요청해보라. 그리고 "나는 추구하지 않고 붙잡으려 하지 않는 마음입니다"라고 대답하라. 다시 말해서, 자신의 욕망하고 추구하는 마음에 무의식적으로 동화되지 말고 추구하지 않고 붙잡으려 하지 않는 마음과 하나가 되라. 그러면 당신이 그 방석 혹은 의자 위에 앉아서 하는 그 일은 진정한 명상이 될 것이다. 이것이 우리가 말하는 좌선(just sitting)이다. 좌선에는 아무런 목표도 목적도 야망도 없다.

그것은 마치 여행을 시작하자마자 방향을 잘 잡은 것과 같다. 하와이에서 솔트 레이크 시티를 가기 위해 서쪽이 아니라 동쪽으로 방향을 잘 잡은 것이다. 그 결과 가면 갈수록, 수행을 하면 할수록 당신의 삶에 평화와 자유를 더욱 참되게 구현할 수 있게 될 것이다. 명상이 당신의 뜻을 어기고 제멋대로 굴러가지 않고 당신을 위해 제대로 잘 굴러가고 있는 것이다.

내 생각에는 전통적인 수행법을 따르는 그토록 많은 사람들이 오로지 옳은 것에만 집중하고, 그것이 무엇이든 수행과정에서 얻었다고 생각하는 것을 잃지 않으려고 집착하기 때문에 결국은 빅 마인드를 찾는 것이 아니라 실제로는 작고 편협한 마음을 갖게 되는 것 같다. 이것은 슬픈 일이지만 매우 자주 벌어지는 일이기도 하다. 스즈키Suzuki 노사도 자신의 저서 《선심초심》(Zen Mind, Beginner's Mind)에서 수행의 끝 혹은 선의 마음은 곧 초심자의 마음이라고 말하며 이 점을 지적했다. 초심자의 마음은 매우 기민하고 열려 있다. 초심자의 마음은 생각과 관념과 진리와 독단으로 가득하지 않다. 초심자의 마음은 수용적이라서 경계가 없다. 초심자의 마음은 단지 열려 있기만 한 것이 아니라 사실 원천을 담을 하나의 그릇, 혹은 운반체, 혹은 도관이다. 초심자의 마음은 그렇게 원천과 곧장 연결되어 있는 반면, 전문가 혹은 선을 오래 수행한 사람의 마음은 매우 독단적으로 비좁게 닫혀 있기 쉽다. 유감스러운 일이지만 내가 자주 목격하는 현실이 그렇다.

그렇기 때문에 나는, 명상을 처음 배우기 시작할 때부터 ─ 이미 많이 배운 사람이라면 가능한 한 빨리 ─ 뭔가를 찾아 헤매는 일상적인 마음상태에서 벗어나는 것이 명상의 모든 것이라는 사실을 이해하는 것이 매우 중요하다고 느낀다. 추구하는 마음으로부터 빅 마인드나 빅 하트로, 추구하지 않고 붙잡으려 하지 않는 마음으로, 목적도 목표도 없는 마음으로 의식을 전환시킬 때 좌선이 훨씬 더 깊어진다. 그때 우리가 하는 일이란 아무것도 붙잡지 않고 마음을 열고 열고 또 열면서 부단히 놓아 보내는 것이다. 그 결과 마음은 비좁게 한정되는 대신 경계 없이 무한해진다.

나는 이 빅 마인드 과정이 오랜 세월 엉뚱한 쪽에서 가진 애를 쓰며 헛고생만 해온 사람들을 구해줄 수 있다고 느낀다. 이것이 내가 이 책을 꼭 써서 이 가르침을 세상에 전해야겠다고 결심한 이유 중 하나다.

누구나 할 수 있다

빅 마인드 과정은 누구에게나 잘 먹힌다. 깨달음의 추구 같은 것은 생각해본 적도 없는 사람이든 노숙자이든, 의식계발의 다양한 단계들 중 어디에 있든지 간에 모두가 매우 쉽게 따를 수 있고 성공할 수 있는 과정이다.

지난 몇 년 동안 나는 선禪 센터에서, 빅 마인드 과정이 아니라면 파악하고 이해하는 데 몇 년이 걸릴 것들을 신참자들도 즉석에서 알아차리는 모습을 보아왔다. 그들은 명상하는 법과 삶의 큰 문제들을 해결하는 방법을 즉시, 게다가 더 잘 이해했다. 사실 나는, 그들이 밖에서 안으로 나의 가르침을 받아들이는 것이 아니라 그들 안에 이미 있는 것을 밖으로 꺼내기 때문에 내가 가르치는 것을 그토록 깊이 흡

수할 수 있다는 것을 깨닫게 되었다. 그들은 가르침을 듣고 이해하는 것이 아니라 그 가르침 자체가 되어 말을 하는 섯이다.

가르침이란 언제나 깨달음의 경험으로부터 나오는 것이다. 전통적으로는, 가르침을 받는 사람은 그 깨달음의 자리에 이르고자 애쓴다. 하지만 빅 마인드 과정에 있는 사람들은 이미 그곳에 있다. 나는 '가르친다' 혹은 '촉진한다'는 말의 진정한 의미가 그것이라고 생각한다. 우리는 사람들로 하여금 그 안에 이미 있는 것을 만나도록, 즉 늘 존재하는 지혜를 끌어올리도록 가르치고 촉진하는 것이다. 빅 마인드, 즉 초월적 지혜, 이원성을 넘어선 지혜가 바로 자신임을 알게 되면 — 그 초월적 지혜 혹은 빅 마인드와 자신을 동일시하게 되면 — 그들은 붓다의 지혜를 뱉어낸다. 그리고 빅 하트와 자신을 동일시하면 그들의 행위는 자신보다 타인을 우선시하는 보살행이 된다.

영적 수행과정에서 우리가 얻는 지혜들은 모두 이미 거기에 있다. 그것을 얻기 위해 단 한 권의 책도 읽을 필요가 없다. 독서가 나쁘다는 뜻이 아니라 불필요하다는 말이다. 시대를 초월하는 모든 지혜, 모든 위대한 영적 스승들과 구도자들의 그 모든 지혜가 바로 거기에 있어서 우리가 의식을 전환시키는 즉시 쉽게 얻을 수 있기 때문이다. 사람들은 그런 종류의 전환을 이루려고 수천 년을 고투해왔지만 그들이 깨닫지 못한 것은, 자기가 자기 자신을 상대로 싸우고 있다는 사실이다. 사람들은 자신의 힘으로 자신을 들어올리려고 한다. 사람들은 추구하는 마음속에 들어앉아 있다. '추구하는 마음에서 벗어나기'를 추구하는 마음속에 들어앉아 있으면 그런 일은 일어날 수가 없다.

아니, 가능할 수도 있다. 몇 주일 몇 달을 하루에 열 시간씩 꼿꼿이 앉아 있기만 하면 당신은 지친 나머지 모든 걸 포기하게 되고, 그러면 어느새 거기에 가 있게 된다. 그때 당신은 자신이 어떻게 거기에 이르게 됐는지 영문을 모르기 때문에 또다시 몇 주일이고 꼿꼿이 앉아 버틴 끝에야 거기에 이르곤 하는 쳇바퀴를 계속 돌아야 한다. 필요한 것은 단지 공손히 요청하는 마법의 단어 "please(부디)"뿐인데 말이다.

이것은 누구에게나 통한다. 특히 우리 서양인들에게는 더 잘 통한다. 우리는 모두가 어머니로부터 그 마법의 단어를 배우지 않았던가? 원하는 것을 얻을 수 있는 그 지혜의 단어를 잊지 말자. ― 에고에게 공손히 허락을 요청하기만 하면 되는 것이다. "추구하지 않고 붙잡으려 하지 않는 마음과 얘기해도 되겠습니까?" 아니면 "빅 마인드, 혹은 빅 하트, 혹은 마스터와 대화해도 되겠습니까?"라고 물을 수도 있다. 그러면 에고는 어쩐지 그것을 거부할 수가 없게 된다.

누군가가 우리에게 "가서 커피 한 잔 가져오세요!"라고 한다면 우리는 시키는 대로 하더라도 어쩐지 기분이 나쁘고 화도 나고, 급기야는 적대감까지 느끼게 된다. 시키는 대로 할 수도 있고 "싫어요. 하기 싫다고요"라고 말할 수도 있다. 하지만 내가 누군가에게 "커피 한 잔만 가져다주실 수 있겠어요? 제가 지금 너무 피곤해서요"라면서 정중히 부탁한다면 상대방은 벌떡 일어나 커피를 가져올 것이다. "설탕 넣어드릴까요? 크림도요?" 하면서 말이다. 공손하고 부드러운 요청을 거절한다는 것은 누구에게나 어려운 법이다.

1972년, 로스앤젤레스 선 센터에서 참선을 시작했을 때부터 몇 년 동안이나 나의 일본인 스승 고류Koryu 노사와 마에즈미Maezumi 노사는 나에게 "좌선할 때는 자신을 죽여라! 방석 위에서 죽어라! 몸과 마음을 내려놓아라!"라고 말했다. 물론 나는 그 말을 따르고 싶었다. 나는 늘 사람들을 기쁘게 해주지 못해 안달인 사람이었다. 하지만 한편으로는 이렇게 생각했다. "절대 안 되지! 나를 죽이는 짓 따위는 하지 않을 거야. 바로 지금 여기서 죽지는 않을 거라구! 몸과 마음을 내려놓을 수가 없어! 대체 어떻게 해야 하지? 나 자신을 어떻게 죽일 수가 있어? 왜 그래야 해? 그건 나더러 10층짜리 건물 위에서 뛰어내리라고 하는 거나 똑같아. 그런 일을 시키려면 무슨 대의명분이라도 주든가. 그래도 나는 뛰어내리지 않을 테지만. 10층은 너무 높아. 1층이라면 모를까."

서양인은 대부분 그런 요구를 받아들이지 못한다. 내 생각에 그런 요구를 받아들일 수 있는 사람은 다른 유형의 사람들이다. 우리는 1969~79년에 선을 공부하기 시작했고 그때 우리는 사무라이 정신, 무술 같은 것들에 혹해 있어서 죽음을 불사하고 의리를 지키는 그들의 자세를 흠모했다. 나도 1966년부터 가라테 수련을 했다. 하지만 지금은 대부분의 사람들이 그처럼 순진하지는 않아서 그런 낭만적인 정신에 매혹되지 않는다.

우리 서양인들은 문화적으로 완전히 다른 교육을 받았다. 우리는 21세기를 살고 있고 일본인이 아니다. 일본인들에게는 개인성, 차별화의 중요성, 에고의 정체성 같은 것은 결코 큰 문제가 아니었다. 일본인들은 항상 황제나 쇼군(과거 일본 무신정권의 수장, 옮긴이)이나 집단 자체와 자신을 동일시했으니까 말이다. 하지만 서양의 우리는 '나'만의 개인성에 엄청난 가치를 부여한다. 이 빅 마인드 과정은 우리로 하여금 우리 자아의 아주 깊은 곳으로 들어가게 한다.

자아 속으로 깊이 들어가면 어떤 일이 생길까? 우리는 우리의 자아에 대해 배운다. 자아는 파고 파고 또 파도 미스터리이다. 우리의 눈과 마음은 보통 바깥세상에 집중한다. 우리 눈 바로 뒤가 우리의 사각지대인 것이다. 우리에게 보이지 않는 것은 관찰하고 귀 기울이고 보고 듣고 생각하고 알고 느끼는 그다. 그에 대해서 우리는 아는 것이 아무것도 없다.

빅 마인드 과정은 에고와 싸우지 않는 것을 기본으로 한다. 붓다는 자아에 통달하는 것이 혼자 천 명의 적군에 맞서 싸우는 것과 같다고 했다. 그렇다면 당연히 이기기까지는 무수한 싸움에서 져야 한다. 나의 접근법은 싸움을 피하는 것이다. 나의 접근법은 내가 지금까지 보아온 그 어떤 접근법 못지않게 비전투적이다. 곧장 본론으로 들어가자면, 우리가 할 일은 기본적으로 에고를 우리 편으로 만들어 에고로 하여금 그 싸움에서 우리를 돕게 만드는 것이다. 그건 적에게 다가가서 "당신을 무찌르도록 날 도와주시겠습니까?"라고 묻는 것과도 같다. 권모술수를 부리지 않고서야 그런 일을 해줄 적은 없을 것이다. 하지만 우리가 부릴 권모술수란 단지 공손하게 요청하는 것뿐이다. 나는 에고를 초대하여 에고 자신을 무찌르는 나의 일을 에고가 돕게 만든다. 에고에게 할 일을 주는 것으로 그렇게 만들 수가 있다. 그리고 에고는 할 일을 얻으면 꽤나 만족해서 나를 돕는 것 같다. 그 점이 놀라운 점이다. 자신이 무슨 짓을 하고 있는지를 알면서도 에고는 실제로 나를 돕는다. ─ 나를 도와 당신을 도울 수 있게 한다.

그러니 우리는 이른바 '통제자' 혹은 '통제자 겸 보호자'에게 "추구하지 않는 마음과 얘기해도 될까요?"라고 묻기만 하면 되고, 우리는 "물론요" 하고 대답할 것이다. 그러면 우리의 몸과 마음은 간단히 전환된다.

전환, 그리고 자아로부터 거리 두기

뭔가를 추구하는 관점에 고정되어 있는 상태로부터 추구하지 않는 상태로 사고방식이 좀더 쉽게 전환되게 해주는 것이 몸의 전환이다. 다시 말해 우리로 하여금 우리가 대화하고 싶은 목소리에게로 가서 그 목소리가 되게 하는 것이 육체적인 — 그래서 정신적인 — 전환이다. 그 전환은 시공간 너머 혹은 시공간 밖에서 일어난다. 우리는 그냥 즉시 거기에 있게 되며, 그 공간에서라면 우리는 진정으로 그저 존재할 수 있다. 즉, 진정으로 추구하지 않는 마음이 될 수 있다.

어떤 특정한 목소리와 대화해보라는 요청을 받고 육체적인 전환을 했다면 당신은 그 목소리를 자신과 동일시하여 그 목소리가 된 일인칭 시점으로 말하게 된다. 예를 들어 "통제자인 나는…"처럼 말이다. 그때 당신은 당신의 자아를 삼인칭 단수로 보고 말할 것이다. 예를 들어 "그", "그녀", "그 자아"처럼 말이다.

예를 들어 내가 통제자의 목소리가 되어서 말하고 있다고 하자. 그럼 나는 이렇게 말할 수 있다. "통제자로서 내가 하는 일은 무엇보다도 자아의 생존을 위해 상황을 통제하는 일입니다. 자아의 생존을 위한 통제는 통제자인 내가 기본적으로 해야 하는 일이지요. 나는 자아를 다른 것들로부터 보호하기도 합니다. — 그가 처한 환경, 다른 사람들, 물건들, 자연, 야생, 바다, 태양, 심지어 음식, 술, 약물 등으로부터도 보호하지요. 이런 것들은 잠재적으로 위험하니까요. 나는 그 자아를 자아로부터도 보호합니다." 그러니까 전환을 하고 나면 나는 나의 자아로서 말하는 것이 아니라 나의 자아에 대해 말하는 것이다. 어떤 목소리가 되든 나는 나의 자아에 대해 늘 삼인칭으로 말한다.

삼인칭을 써서 자아에 대해 말함으로써 우리는 지금 말하고 있는 목소리와 자아 사이에 일정한 거리를 만들어낸다. 2천5백 년 전부터 알려진 사실이지만, 우리는 괴로움의 원인은 집착, 특히 자아에 대한 집착임을 잘 알고 있다. 모든 집착이 괴로움을 불러오지만, 특히 자아에 대한 집착이 가장 강력하고 따라서 가장 큰 괴로움을 불러온다. 물론 나는 내 모터사이클, 내 자동차에도 집착하고 내 아이들 타이와 니콜, 내 아내 스테파니에게는 더더욱 집착한다. 하지만 우리가 가장 집착하는 것은 자신의 자아이다. 어쩌면 아이에 대한 집착이 더 클 수도 있지만, 그것은 기본적인 집착이다.

자아와 거리를 둘수록 자아를 향한 집착에 힘을 덜 쏟게 된다. 자아와 나 자신의 동일시를 줄이고 자아에 덜 집착하면 당연히 자아를 포기하고 놓아 보내기가 더 쉬워진다. 나의 것보다는 다른 누군가의 모터사이클이나 아이를 놓아 보내기가 더 쉽기 마련이다. 반대로 나 자신을 무언가와 동일시하면 할수록 그것에 대한 집착은 그만큼 커지고, 그러면 그것을 놓아 보내기가 그만큼 더 어려워진다. 그러므로 우리가 통제자, 회의자, 화(Anger)와 같은 익숙한 이원적 목소리들과 작업을 한다고 해도 그런 자아의 각 측면들, 즉 하부인격들과의 동일시는 점점 늘어나고 자아와의 동일시는 점점 줄어들 것이기 때문에 초월적 상태로의 여정은 순조롭게 진행될 것이다.

애쓰지 않기

빅 마인드 과정이 그처럼 쉽게 잘 먹히는 이유는 그룹으로서, 혹은 일대일로 도움을 받거나 DVD의 도움을 받기 때문이기도 하다. 촉진자는 ─ 이 책의 경우에는 내가 ─ 독자들이 해야 할 모든 노력을 대신한다. 내가 이 순간 예를 들어 통제자 같은 특정한 목소리와의 대화를 요청하고, 당신이 의식을 전환한 뒤에 "좋아요, 나는 통제자로서 말하고 있어요"라고 말할 때 당신은 아무런 노력도 하지 않는 것이다. 그러므로 그 전환은 단지 시공간 너머로의 전환만이 아니라 애씀과 노력 너머로의 전환이기도 하다. "네, 내가 …입니다"라고 말하는 순간 당신은 이미 거기에 있는 것이다.

어떤 목소리에 다가가기 위해 노력을 해야만 한다면 당신이 마주칠 장애는 무엇일까? 당신의 노력 자체다. 누구든 촉진자가 있으면 당신은 노력하지 않아도 된다. 의자에 편안히 앉아 스스로를 즐기면 된다. 촉진자가 당신을 안내해줄 것이다.

그러므로 빅 마인드 과정은 초월적 상태로 촉진된 관점을 만날 기회를 만들어낸다고 할 수 있다. 선불교에서는 초월적 관점을 '본성을 꿰뚫어 본다'는 뜻의 견성見性이라 일컫는데, 깨달음의 경험을 뜻한다. 하지만 아무리 심오한 견성의 경험이라 할지라도 그것은 대각大覺 이전의 것으로, 일시적이다. 카메라 렌즈의 셔터가 순간적으로 열렸다 닫히는 것처럼 말이다. 빅 마인드 경험이 아름다운 점은, 그것이 그 렌즈 셔터를 우리가 원하는 만큼 오랫동안 열어놓을 수 있게 해준다는 데 있다. 커다란 방에서 한순간 켜졌다가 금방 꺼지고 마는 순간의 희미한 일별 대신, 빅 마인드 과정을 통해 우리는 그 방을 다

둘러보고 그 영역을 정말로 잘 알 수 있을 때까지 오랫동안 빅 마인드 상태를 실제로 유지할 수 있다.

빅 마인드 과정이 아름다운 또 다른 이유는, 이런 많은 목소리를 거쳐 가는 동안 — 심지어 초월적 상태에 다다르기 전의 이른바 이원적 목소리들만을 거쳐 가는 중이라도 — 유동성과 유연성을 배우게 된다는 데 있다. 다시 말해 빅 마인드 과정은 우리로 하여금 이 관점에서 저 관점으로 옮겨가는 법을 배워 이 세상과 자신에 대한 경직된 관점을 벗어날 수 있게 한다.

관점 전환

비유를 하나 들어보겠다. 당신이 태어나는 순간부터 백 대의 카메라가 매 순간 당신을 향하고 있다고 가정해보자. 30년, 40년, 50년, 60년을 사는 동안 이 백 대의 카메라는 늘 당신에게 초점을 맞추고 있다. 그런데 당신이 어느 순간 오직 한 대의 카메라 렌즈만을 통해서 보기로 결심하고 그 렌즈만을 통해 보면서 이것이 나이고 이것이 나의 자아이고 이것이 나의 인생이고 이것의 나의 스토리라고 한다면 어떨까? 그러면 당신은 당연히 백 개의 관점 중 하나의 관점으로만 보게 되는 것이다. 그 백 대의 카메라가 모두 서로 다른 각도에서 당신에게 초점을 맞추고 있다면 최소한 백 개의 관점이 생겨날 것이다. 만약 무한한 수의 카메라가 있다면 당신의 스토리, 당신의 삶, 당신이라는 자아에 대한 관점도 무한개가 될 것이다.

실제로는 그렇게 무한개의 관점이 존재하지만 우리는 단 하나의 관점밖에 존재하지 않는 것처럼 행동한다. 우리는 단지 그 하나의 관점으로부터 우리의 자아를 보고 우리 삶의 스토리를 바라본다. 그것은 망상이고 미친 짓이다. 어찌 단 하나의 관점밖에 없겠는가? 하지만 우리는 그 하나만을 고수하며 그 하나를 위해서라면 전쟁도 불사한다. 인간관계 때문에 싸우고 국가의 이름으로 전쟁을 치른다. 어떤 관점이든 그것만이 유일하게 옳은 관점이 된다. 아무리 행복하더라도 틀리기보다는, 죽더라도 옳기를 택한다. 한 마디로 제정신이 아닌 것이다.

백 개의 렌즈 각각을 통해 들여다볼 수 있다면 우리는 자신이 누구인지에 대한 백 개의 다른 시각을 갖게 될 테고, 나아가 그 어떤 시각도 절대적으로 옳지 않다는 것을 깨닫게 될 것이다. 다시 말해 옳은 시각이란 없다는 뜻이 된다. 모든 시각은 한정적이고 제한적이다. 정확한 시각이라 할 만한 특정한 시각이란 존재하지 않는다.

그리하여 우리는 팔정도八正道를 설했던 붓다의 첫 번째 가르침에 도달하게 된다. 그 첫 가르침에서 붓다는 "옳은 시각(Right View, 正見)을 가지라"고 했다. 여기서 옳은 시각이란 어떤 고정된 시각도 갖지 않고 모든 시각이 한정적이며 그 어떤 시각도 유일한 시각이 아님을 안다는 뜻이다. 모든 시각은 제한적이고 한정적이며 편파적이다. 사실 옳은 시각이란 아무런 시각도 갖지 않는 것이다.

그러니 관점을 전환하는 법부터 익히는 것이야말로 정말 중요하다. 그 하나만 익혀도 당신의 삶에 굉장한 도움이 될 것이다. 다음번에 당신의 파트너 혹은 배우자와 말다툼을 하게 될 때, 당신의 관점을 버리고 그 상황에 대한 다른 관점 — 그의 혹은 그녀의 관점 — 이 존재할 수도 있다는 가능성에 마음을 여는 것을 그저 상상만이라도 한 번 해보라. 그렇게 마음을 여는 순간 당신은 해방된다. 그리고 상대의 관점에 공감할 수 있다. 보통 우리는 그와 정반대로 행동한다. 우리는 대개 자기만의 관점에 빠져 꼼짝달싹 못한다. 그리고 그 결과에 괴로워한다.

궁극의 목표 — 온전하고 자유롭게 살기

보통 우리는 무언가를 붙들고 매달린 채 거기에 의지한다. 우리는 자유롭게 살지 못하고 자유를 누리지 못한다. 집착하기 때문이다. 붓다는 우리의 이런 경향을 알아차리고 그런 상태에 이름을 붙였다. 붓다는 마음이 집착할 때 우리가 두카Duhkha(산스크리트어로 보통 고통으로 번역됨) 상태에 있다고 말했다. 두카란 축이 돌지 않는 바퀴라는 뜻이다. 바퀴의 축이 돌지 않는 것이다. 바퀴가 움직이지 않는다. 그럼 당신은 어떤 바퀴를 갖게 되는가? 무용지물, 제대로 기능하지 못하는 바퀴를 갖게 될 것이다. 움직이지 않는 바퀴가 무슨 소용이 있겠는가?

붓다가 발견하여 우리에게 가르쳐준 것은 그 바퀴를 자유롭게 움직이게 하는 방법이다. 붓다는 그것을 수카suhkha라고 불렀고, 수카는 자유로운 바퀴, 풀린 바퀴라는 뜻이다. 그것은 곧 해탈, 열반을 뜻한다.

관점을 전환할 수 있다는 것은 제대로 움직이는 자동차를 갖게 되는 것과 마찬가지다. 특정 기어에 고정되어버린 자동차는 제대로 기능하지 못한다. 그 차가 설령 마세라티Maserati라고 하더라도 1단

기어나 후진 기어, 혹은 뭐든 다른 기어에 고정되어 있다면 고철 신세인 것이다. 하지만 당신이 유연성을 가지고 움직일 수 있게 되는 순간, 그리고 가속 기어든 감속 기어든 후진 기어든, 뭐든 필요한 전환을 할 수 있게 되는 순간 당신은 제대로 움직이는 자동차를 갖게 된다.

마음, 자아, 인생도 마찬가지다. 집착하면 우리는 제 기능을 하지 못한다. 집착을 놓으면 우리는 제 기능을 하는 자동차를 갖게 된다.

빅 마인드는 바로 그 집착을 푼 상태인데, 우리는 그 집착을 푼 상태에도 집착하게 될 수 있다. 선가에서는 그것을 "절대성에 대한 집착에 빠졌다"고 말한다. 빅 마인드 경험 그 자체는 상대적이고 이원적인 관점에 대한 집착을 풀게 하지만, 우리는 거기서 오히려 아무런 경계도 제약도 없이 제멋대로 행동함으로써 빅 마인드의 절대적 혹은 비이원적인 관점에 집착하게 될 수도 있다. 그 반대의 이원적인 관점 속에서는 밧줄 없이도 우리 자신을 꽁꽁 묶어버리지만 말이다.

사실 이원성에 대한 집착보다 비이원성에 대한 집착을 풀기가 훨씬 더 어렵다. 평생을 고통과 집착의 이원적 세상에서 살던 사람이 마침내 그 고통에서 벗어나 집착 없는 비이원적인 세상, 즉 빅 마인드에 도달하게 되면 거기에 집착하지 않기란 매우 어려워진다. 비이원적 실재의 경험이 크면 클수록 그 비이원성에 더 강하게 매달리며 놓치지 않으려고 애쓰게 될 수 있다. 하지만 그에 대한 집착도 끊어야 한다. 산스크리트어로 네티-네티neti-neti라는 말이 있는데, 둘도 아니고 하나도 아니다(not two, not one)라는 뜻이다. 나는 이원성과 비이원성을 모두 초월하는 것이 진정한 초월이라고 말한다. 이원성에도 비이원성에도 집착하지 않을 때 우리는 단연코 아무것에도 집착하지 않는 것이다. 그때 우리는 어느 방향으로든 마음대로 움직일 수 있다.

수천 년 된 이 모든 지혜가 우리 안에 있다. 우리 모두의 안에 다 있다. 그 지혜들에 다가가 그것이 세상에 쓸모가 있게 만드는 것이 이 책의 목적이다. 그것을 왜 무슨 비밀처럼 몇몇 사람들의 마음속에만 감춰두어야 하는가? 나는 그 비전秘傳들을 다는 아니라도 최대한 많이 드러내어 누구나 접할 수 있게 만들 때가 왔다고 생각한다. 지금은, 그 지혜들을 소수의 선택된 사람들에게만 제공하는 사원의 벽, 그 모든 장벽을 무너뜨리고 세상의 모든 의식 앞에 공개해야 할 때라고 믿기 때문이다.

우리는 모든 이의 깨어남이 시급한 진화의 시점에 와 있다. 지금은 혁명의 시대이다. 우리를 막을 것은 아무것도 없다. 그래서 나는 사원의 벽을 허물고 세상 전체를 수도원으로, 수행으로, 영적 사원으로 보고자 한다. 우리 모두가 알고자 애쓰는 것은 바로 이 존재, 바로 이 삶이다. 그것들이 바로 사원이다. 거기에는 벽이 없다.

3

이 책으로 공부하는 방법

우리 각자의 내면에는 셀 수 없이 많은 목소리, 곧 측면들이 있다. 그것들이 작동하는 방식을 좀더 분명히 알고 싶다면 무수한 종업원을 거느린 대기업을 잠시 생각해보라. 얼마나 많으냐고? 아무도 모른다. 사실 이 기업은 좀 기이하다. 우리는 이 회사를 위해 외부로 나가 이 모든 친구들을 닥치는 대로 고용해 들였다. 그러고는 정작 그들에게 할 일이 무엇인지를 일러주기는 소홀히 했다. 우리는 그들에게 직위도, 일하는 방식도 알려주지 않았다. 더 심하게는 누구를 위해 일하는지, 회사의 이름은 무엇인지, 상사는 누구인지조차 말해주지 않았다. 그러고는 "가서 일하시오"라고 말했다. 대체 무슨 회사가 이따위란 말인가?

기능부전 상태의 회사가 그렇다. 붓다는 2천5백 년 전에 그런 회사를 발견했다. 설명은 약간 다른 방식으로 했지만 말이다. 붓다는 세상이 뒤죽박죽(topsy-turvy)이라고 보았다. 물론 붓다가 뒤죽박죽이라는 단어를 쓴 것은 아니다. 그는 산스크리트어/팔리어로 '전도顚倒됨(upside-down)'을 뜻하는 단어를 썼다. 내 생각에는 기능부전機能不全이라는 말이 더 적합한 것 같다. 우리는 세상이 기능부전에 빠져 있고, 그래서 우리가 괴로운 것이라고 본다. 아무도 자신의 직위가 무엇인지도, 무엇을 어떻게 해야 할지도 모르는 회사라면 모두가 혼란 상태에 빠지고 고통받게 되어 있다.

이제 우리는 이 회사의 종업원들을 인터뷰할 작정이다. 모두 다는 아니고 한정된 수의 주요 종업원들을 한 번에 한 명씩 인터뷰할 것이다. 인터뷰하면서 그들이 자신의 일에 대해 어떻게 생각하고 있는지를 알아보고 그들의 직위와 하는 일을 분명히 밝힐 것이다. 우리는 그들에게, 이 일이 당신이 고용된 이유니까 당신이 회사를 위해 이 일을 해주기 바란다고 말할 것이다. 마지막으로 우리는 그들에게 회사의 CEO를 소개해줄 것이다.

앞으로 두 개의 장에 걸쳐 이루어질 그런 인터뷰 과정이 끝나면 종업원들은 모두 좀더 제대로 자신의 기능을 해낼 수 있게 될 것이다. 이 말은 이 회사, 즉 이 책을 집어들었던 그 사람, 곧 지금 그 의자에 앉아 있는 당신이 좀더 조직적이고 기능적인 회사로 변화하리라는 뜻이다.

워크숍이나 녹음 작업을 진행할 때 나는 보통 시범 인터뷰*에서와 같이 촉진자의 역할을 하고, 참가자들은 내가 "~와 이야기해도 되겠습니까?"라고 물음으로써 초청한 다양한 목소리가 되어 말을 한다. 모든 참가자는 저마다 고유한 방식으로 각각의 목소리를 표현한다. 이 책을 읽어가면서 당신도 당신만의 반응을 하게 될 것이다. 목소리 속으로 들어가는 경험을 어떻게 하게 될지에 대해 더 잘 알고 싶다면 시범 인터뷰를 꼭 들어보기 바란다. 나는 거기에서, 빅 마인드 과정을 처음 경험하는 한 젊은 여성과 함께 통제자, 추구하는 마

---

* 북카페 정신세계(cafe.naver.com/mindbooky/5562)에서 한글자막을 입힌 영상으로 볼 수 있다. (스마트폰용 QR코드는 22쪽에)

음, 빅 마인드, 빅 하트라는 각각 다른 네 개의 목소리들을 탐사해보았다.

이 책에 나오는 목소리들은 워크숍에서 사람들이 전형적으로 반응하는 방식으로 말한다. 삶에서 경험한 것들, 각자가 처한 현재 상태에 따라 특정 목소리가 하는 말이 제각기 다르기 마련이므로 당연히 우리는 저마다 다른 자기만의 방식으로 반응할 것이다. 각각의 목소리가 되어서 지금 여기에서 그 목소리를 표현하는 것으로 그 목소리를 현실로 불러들일지 말지는 당신의 마음에 달렸다.

당신이 '그 목소리 속에' 머무는 동안에는 '잘못된' 대답은 있을 수 없다. 그 목소리가 되어서 하는 말이라면 무슨 말이든 다 타당하고 사실이고 완벽하다. 하지만 '그 목소리 밖으로 나오게' 될 수도 있고, 요청받은 목소리가 아닌 다른 목소리들이 튀어나올 수도 있다. 그래도 연습을 하다 보면 목소리 밖으로 나왔을 때 그것을 더 쉽게 알아차리게 되어서 능숙하게 요청받은 목소리로 돌아갈 수 있을 것이다.

이 책에서 목소리들이 하는 말을 읽을 때는 불려온 그 목소리로 마음을 전환하기 위해 몸을 물리적으로 약간 움직여보라. 그리고 당신만의 목소리가 스스로 나타나 말하게 하라. 각각의 목소리가 익숙한지 낯선지 편한지 불편한지를 기록해두는 것도 좋다. 그들 중 일부는 당신이 외면했던 목소리일 수도 있다. 또 일부는 애초에 한 번도 깨어나본 적이 없는 목소리일 수도 있다. 외면당한 목소리라고 해서 그 목소리가 거기에 없는 것은 아니다. 그것은 암암리에, 건전하지 못한 방식으로 계속 작용한다.

깨달은 마음, 모든 존재에 대한 무조건적인 자비같이 한 번도 깨어난 적이 없는 목소리들의 경우, 그것들이 당신 안에 존재한다는 것조차 깨닫지 못할 수도 있다. 그것들은 거기에 존재한다. 다만 그것들이 존재한다는 것을, 혹은 바로 지금 여기서 그것들에 다가갈 수 있다는 것을 당신이 전혀 짐작조차 못할 수 있다. 그것들은 늘 존재하지만 당신이 자각하거나 의식하지 못하도록 꼭꼭 숨어 있는 것이다.

우리는 먼저 내가 이원적인 목소리 혹은 자아의 하부인격이라 부르는 것들부터 탐사해볼 것이다. 물론 이것들은 우리가 갖고 있는 목소리들 중 아주 소수에 불과하다. 할과 시드라 스톤이 목소리와의 대화 프로그램과 그들의 책 《우리의 자아들을 포용하기》(Embracing Our Selves)에서 하듯이 우리도 그 목소리들 속으로 아주 깊이 들어갈 수도 있다. 우리가 대화할 수 있는 목소리는 수천 개가 존재한다. 하지만 이 책과 빅 마인드 과정에서 우리가 작업할 목소리들은 특히 더 현명하고 더 자비로운 인간이 되는 길에 가장 중요한 목소리들이다.

'도道'라는 이름의 목소리로 시작되는 그다음 그룹의 목소리는 대부분 비이원적인 목소리들로 구성된다. 그러니 '도'와 빅 마인드는 기본적으로 비이원적인 목소리들이다. 빅 하트와 마스터는 비이원적인 곳에서 왔지만 자아와 타자 사이의 이원성 혹은 차이를 인식한다.

책을 통해 빅 마인드 과정을 따라가는 것은 그러니까 녹음된 내용이나 DVD를 보면서 하는 것보다 약간 더 어려울 수 있다. 당신은 어쩌면 그때그때 다른 목소리로 들어갈 때마다 책을 내려놓아야 할지도 모른다. 그냥 독자로서 읽기만 한다면 개념적인 이해는 하게 될 테지만 주체-객체라는 관계 속에 남아 있는 한 비이원성 속으로 들어가기는 어렵다.

나는 '불러낸다(invoke)'는 말을 좋아한다. 불교 수행에서는 붓다들과 조상들 혹은 붓다들과 보살들을 불러내는데, 이 빅 마인드 과정역시 일종의 '불러내어서 목소리를 주는' 수행법이다. 예를 들어 우리가 "빅 마인드와 이야기해도 되겠습니까?"라고 요청하고, "네, 내가 빅 마인드입니다"라고 답하는 순간 우리는 자신이 빅 마인드임을인정하는 것이다. 빅 마인드를 불러 현재로 데려오는 것이다. 혹은빅 마인드를 지금 여기에 존재하게 한 다음 그 신분에 목소리를 주는것이다. 이것이 빅 마인드에 쉽게 다가갈 수 있게 해주는 요령이다.

목소리로 들어가기

자, 이제 이 책을 읽고 있는 동안 이 책의 촉진자가 예컨대 "이제 빅 마인드와 얘기해도 되겠습니까? 당신은 누구입니까?"라고 물으면 당신은 육체적·정신적 전환을 하고 책을 내려놓은 다음 "제가 빅 마인드입니다"라고 대답하기를 바란다. 그런 다음 빅 마인드와 함께 앉아 그 목소리, 그 마음속에 있으면서 그것이 당신 안으로가라앉게 두라. 이런 식으로 당신은 당신이 빅 마인드(혹은 다른 목소리)임을, 그리고 당신이 그 목소리와 동일시되었음을 확인하는 것이다. 이것은 빅 마인드 과정으로 들어가는 가장 중요한 열쇠 중 하나이다.

시간을 끌 필요는 없다는 것을 명심하라. 사람들과 직접 대면하고 작업하면서 "빅 마인드와 얘기해도 되겠습니까? 당신은 누구입니까?"라고 물을 때, 나는 상대방에게 생각할 시간을 주지 않는다. 당신이 '그러니까 이 사람이 누구에게 말을 걸고 있는 거지?' 혹은 '그곳엘 어떻게 가지?' 혹은 '이게 대체 무슨 뜻이지?' 하는 등등의 생각을 시작하면 당신은 이원적이고 관념적이고 분석적인 마음에 갇히게 된다. 바로 그것이 당신으로 하여금 거기에 있지 못하게 하는 것이다.

그러니 당신은 '그곳엘 어떻게 가지?', '이걸 어떻게 하지?', '뭐라는 거지?', '이 사람 대체 무슨 말을 하고 있는 건가?'라며 궁금해할 필요가 없다. 그 대신 "~와 얘기해도 되겠습니까?"라는 요청을 받으면 단순히 "네, 내가 ~입니다"라고 대답하기만 하면 된다. 그 순간 육체적 · 정신적 전환을 하라. 그러니까 이 책에서는 "~와 얘기해도 되겠습니까?"라는 문장을 읽는 순간 당신은 자세를 바꿈으로써 관점을 전환시켜 내가 대화할 상대로 바뀌는 것이다. 그 순간 당신은 전환을 한 것이다. ― 그리고 그렇게 믿으라. 그 순간 당신은 이제 그 목소리가 되어서 말하고 있는 것이다.

일단 그렇게 전환하고 나면 모든 것이 분명해진다. 그 목소리는 촉진자의 질문을 따라 자신에 대해 저 혼자 알아서 잘 설명할 것이다. 하지만 명심하기 바란다. 당신이 전환되기 전에는 내가 하는 질문이나 요구들을 제대로 이해할 수가 없을 것임을 말이다

전환을 하기 전에는 사실상 이해가 불가능하다. 하지만 전환을 하고 나면 그건 그저 자신에 대한 이야기가 된다. "아, 난 빅 마인드예요. 내겐 그 어떤 한계도 경계도 없어요. 나는 너무 크고 방대해서 끝없고 한없으며 영원하고 무한하며 경계가 없습니다. 나는 모든 것입니다. 나는 모든 것을 포용할 뿐만 아니라 ― 이것은 아직도 약간 이원적이다 ― 나는 그 모든 것입니다. 나는 나무입니다. 구름입니다. 식물입니다. 나는 지저귀는 새입니다. 나는 지금 나의 아이들이

듣고 있는 TV 소리입니다. 아이들은 TV 소리를 들으면서 컴퓨터를 보고 책을 읽습니다. 나는 지금 이 순간 그 모든 것입니다."

전혀 애쓸 것이 없다. 노력은 방해가 될 것이다. 당신은 단지 자신이 내가 대화를 요청한 그 목소리임을 인정하기만 하면 된다. 노력은 필요 없다.

이제 그 목소리를 유지하려면 통제자 측의 노력이 약간 필요하다. 촉진자로 하여금 그 목소리와 계속 대화할 수 있게 하는 것은 통제자가 하는 일이다. 당신이 이 작업에 익숙하지 않다면 통제자는 회의주의자와 의심하는 자 같은 다른 목소리들이 현장에 끼어들지 못하게 하기 위해 애써야 할 것이다. 사실은 통제자 자체가 가장 주제넘고 집요한 목소리 중의 하나다. 그리고 바로 그 때문에, 다른 목소리들이 불려와서 아무런 제약도 검열도 없이 말하도록 허용받으면 통제자는 시쳇말로 머리가 홱 돌아 상황을 통제하려고 나서는 것이다.

통제자는 자신의 통제를 면하거나 통과하도록 허용하는 그것이 자신이 오랜 세월 그토록 통제하려고 애써왔던 것이기 때문에 그런 일을 당면하면 자신이 통제력을 상실한 것으로 느낀다. 하지만 우리가 통제자에게 '할 일', 곧 통제할 일거리를 하나 맡겨주면 그는 매우 행복해한다. 뭔가 할 일, 즉 통제할 일거리를 받기만 하면 통제자는 흡족해한다. 그래서 우리는 그에게 일거리를 하나 줄 것이다. 우리는 통제자에게 이제부터 다른 모든 목소리들을 통제해달라고 말할 것이다. 그 다른 목소리들에는 통제자 자신의 목소리도 포함된다. 그리고 그 목소리들을 현장 밖에 묶어둘 것과, 내가 요청한 목소리와의 분명한 대화채널을 열어달라고 요청할 것이다. 할 일을 부탁받으면 통제자는 당장 행복해한다.

　　당신도 알아차리기 시작하고 있기를 바라지만, 빅 마인드 과정에
는 배워서 연습하여 숙달할 수 있는 몇 가지 기술이 있다. 이제 빅 마
인드 과정의 작업을 실제로 연습해보자.

4

자아의 목소리들

편집부 노트 :

앞으로 이어질 내용은 저자인 겐포 선사가 직접 자신에게 행한 빅 마인드 과정으로, 실제로 이 과정이 어떻게 진행되는지를 파악하기 위해 일단 한 번은 끝까지 읽어보기를 권한다.

그 후에 혼자서 빅 마인드 과정을 실습할 때는, 짙은 바탕 위의 질문을 읽고 책을 내려놓은 채로 스스로 그 불러나온 대상이 되어 충분히 대답을 해보라. 대답이 자연스럽게 멈추면 잠깐 촉진자의 역할로 돌아와 더 궁금한 부분을 묻고, 다시 의식을 전환하여 그 대상으로서 대답하라. 충분히 문답을 나누었다는 생각이 들면 다음 대상(자아)을 불러내는 촉진자의 질문으로 넘어가면 된다.

보호자

보호자: 내가 보호자입니다.

보호자: 좋습니다. 내 이름이 말해주듯이 나는 물론 보호하는 일을 합니다. 살펴보니 나는 이 자아(젠포)를 보호하려고 하는 것을 알겠습니다. 그게 저의 주요한 역할입니다.

촉진자: 그 자아를 무엇으로부터 보호하지요?

보호자: 다른 것들, 다른 사람들, 세상의 위험, 생명을 위협하는 것들로부터 이 자아를 보호해야 합니다. 그의 몸과 건강을 보호하고 그의 안위를 보호해야 합니다. 그가 느끼는 자신의 정체성, 그가 그 자신을 바라보는 방식도 보호해야 합니다. 그의 생각, 그가 갖고 있는 관념, 믿음, 그 자신에 대한 견해, 이념들도 보호해야 합니다. 간단한 일이 아니지요. 가만히 보면 저 바깥에는 위험하지 않은 것이 없습니다. 그와 가장 가까운 사람들조차 그토록 가깝기 때문에 오히려 더 많은 상처를 그에게 줄 수 있어요. 그들의 별것 아닌 거부나 약간의 무관심만으로도 그는 상처받을 수 있으니까요. 또 비판을 받아

도 상처받고요. 이 일은 24시간 상근직이라서 정말 힘들고 내가 늘 잘해내는 것도 아닙니다. 그는 여전히 다른 사람들로부터 많은 상처를 받으니까요.

나는 그의 가족, 아이들, 아내, 반려동물들, 그의 개와 고양이도 보호해야 하네요. 그와 가까운 사람들도 보호해야 하고요. 그의 차가 도난당하지 않게 하고 집에 도둑이 들지 않게 하는 등, 그의 소유물도 보살펴야 합니다. 그와 그에게 중요한 것들을 보호하는 것뿐인데도 일이 정말 많아요.

촉진자: 그렇다면 어떤 방식으로 보호하나요?

보호자: 주로 쓰는 방식은 벽을 쌓는 거예요. 장벽들을 쌓아올리죠. 나는 그가 그 자신이라고 생각하는 것, 혹은 그 자신의 것이라고 생각하는 것들 주위에다 벽을 쌓아서 그것들을 그가 아닌 다른 사람들과 그의 것이 아닌 다른 물건들과 주변 환경으로부터 보호해요. 몸이나 자아에 대한 그의 생각 같은 경우에는 작은 경계를 만들어내지만, 그의 나라나 종교, 전통, 가족, 친구 등의 경우에는 큰 경계를 만들어냅니다. 그러니까 저는 그때그때 다양한 장벽과 경계를 만들어냅니다. 그리고 누가 그 경계를 통과하거나 벽을 넘어버린다면 더 높고 더 견고한 벽을 만들어낼 겁니다. 필요하다면 그 요새에 지붕도 없을 거고요.

촉진자: 그렇군요. 말해주셔서 감사합니다. 그와 그의 가족, 그의 인생, 그의 소유물, 그의 믿음, 그의 이념들을 보호하는 것 외에 또 보호해야 할 것이 있습니까?

보호자: 생각해보니 나는 그를 그 자신으로부터도 보호해야 하네요. 그는 오래된 습관과 프로그램과 패턴을 많이 갖고 있고 내가

주의하지 않으면 자주 그것들이 그를 곤란한 상황에 빠뜨립니다. 나는 그가 자신에게 이로운 행동만 하리라고는 믿지 않습니다. 오래된 습관과 패턴들 때문에, 그리고 또 욕망과 열정 때문에도 그는 계속 멍청한 짓을 합니다. 때로 그는 탐욕스럽기가 그지없어서 내가 멈추게 하지 않으면 결국 그 자신을 해칠 정도까지 가기도 합니다. 다시 말하지만 나는 이 일을 그리 잘 해내지는 못합니다. 하지만 최소한 늘 내 자리에서 그를 그 자신으로부터 보호하려고 애씁니다.

촉진자: 그 외에 또 보호해야 할 중요한 일이 있습니까?

보호자: 네! 나는 이 자아로부터 다른 사람들도 보호합니다. 이것도 퇴근도 휴일도 없이 해야 하는 풀타임 작업이지요. 그는 때로 다른 사람들을 전혀 배려하지 않는데, 불쾌하거나 질투심을 느낄 때 특히 그렇습니다. 화가 나거나 자기 자신에게 몰두해 있을 때는 몹시 나쁜 놈이 되기도 합니다. 무례하고 난폭하고 공격적으로 변할 수도 있습니다. 비열해지기도 하고요. 또 걸핏하면 사람들에게 멍청한 소리를 합니다. 당신도 알다시피 그는 사람들을 웃기고 싶어해서 유머를 아주 좋아합니다. 하지만 때로는 그의 유머란 것이 상대방의 마음을 아프게 하기도 하거든요. 그래서 사람들은 상처를 받거나 화를 냅니다. 그러니까 내가 잘 살펴야 합니다. 그는 살면서 몇 번 공격을 당했고, 그때 화가 많이 나서는 그 사람들에게 상처를 줬지요. 화가 나면 어떤 식으로 다른 사람들에게 상처를 줄지는 예측할 수 없습니다. 자신은 그냥 재미로 그런다고 생각할 때조차 누군가에게는 상처가 되지요. 그러니까 이 자아로부터 다른 사람들을 보호하는 일은 가장 힘든 일 중의 하나입니다.

촉진자: 당신이 일을 하는 또 다른 방식이 있나요?

보호자: 네, 장벽을 쌓기도 하지만 나는 예컨대 통제자, 두려움, 회의자, 분노 같은 그의 다른 측면들과 손을 잡기도 합니다. 보호하는 일에 도움이 되곤 하니까 나는 이 목소리들에게 의지하고 있답니다. 그러니까 우리는 하나의 큰 팀을 이루고 있다고 할 수 있죠. 나는 이 팀에게 도움을 요청할 수 있어요.

통제자

촉진자: 통제자님과 이야기해도 되겠습니까?

통제자: 네, 내가 통제자입니다.

촉진자: 당신의 역할은 무엇입니까? 당신은 어떤 사람입니까?

통제자: 나는 통제하기 위해 여기 있습니다. 나는 보호자와 매우 긴밀한 관계를 유지하며 일합니다. 사실 내가 통제하는 이유는 대부분 보호하기 위해서입니다. 다시 말하면 나는 기본적으로 그와 그의 자아를 다른 사람들과 다른 것들로부터 보호해야 합니다. 저 바깥의 것들은 모두가 언제든지 해롭고 위험해질 수 있으니까요. 그래서 나는 눈에 불을 켜고 어느 것 하나 놓치지 않도록 주의를 기울여야 합니다. 물론 나는 다른 목소리들에 많이 의존합니다. 예를 들자면 두려움도 그중 하나이지요. 어쨌든 상황을 통제하는 것이 나의 일입니다.

촉진자: 할 수 있다면 무엇을 통제하고 싶나요?

통제자: 할 수만 있다면 모든 것과 모든 사람을 통제할 겁니다.

모든 사람의 행동, 감정, 생각, 정서, 자기표현 방식, 그들이 이 자아를 대하는 태도 등을 모두 통제할 수 있다면 아주 이상적일 테지요. 할 수만 있다면 환경, 날씨, 구름은 물론 햇빛의 강도까지도 통제하고 싶습니다. ― 모든 걸 통제하고 싶어요.

촉진자: 그래서 사람들이 당신을 권위적이라고 하는 건가요?

통제자: 그런 것 같아요. 하지만 그게 나의 일인걸요. 통제하는 것이 나의 목적이고 내가 할 일이에요.

촉진자: 당신이 가장 두려워하는 것은 무엇인가요?

통제자: 그야 당연히 통제불능에 빠지는 거지요. 통제력을 상실한 상태 말입니다.

촉진자: 무엇이 그런 상태를 야기하나요?

통제자: 그런 상태를 야기하는 것은 물론 그의 감정이지요. 언젠가 누가 그를 정말 화나게 한 적이 있었는데, 내가 통제불능 상태에 빠져버렸어요. 무서웠죠. 내가 그의 화와 분노에 대한 통제력을 잃으면 그는 매우 위험한 일을 저지를 수도 있습니다. ― 다른 사람들도 마찬가지로 끔찍한 짓을 할 수 있을 거예요. 나는 뚜껑으로 그 분노를 계속 눌러 덮어두어야 합니다. 분노를 계속 통제해야 하지요. 한때 통제에 그다지 열을 올리지 않았던 때가 있었는데, 별로 좋았던 것 같지 않아요. 그에게도 다른 사람들에게도 별로 좋지 않았죠.

그러니까 나는 정말로 분노를 계속 뚜껑 밑에 눌러놓아야 해요. 질투도 문제지만요. 질투심이 손쓸 수 없이 날뛸 때 사람들이 어디까지 행동할 수 있는지를 한 번 지켜보세요. 그러니 나는 질투도 뚜껑을 꼭 덮어서 막아둬야 합니다. 사실 나는 아주 오랫동안 그에게 질투심을 허락하지 않았어요. 네, 그렇죠. 금지시켰어요. 나는 질투의 목소리를 붙잡아서 그를 만나지 못하게 해버렸어요. 그가 그 누구에게도, 그 무엇에게도 아무런 질투심을 느끼지 못하도록 그걸 아주 멀리 밀쳐버렸지요. 네, 어쩌면 질투를 하긴 했을 거예요. 하지만 그가 그걸 알아차리지 못하게 했지요. 그 정도는 완벽하게 통제할 수 있어요.

나는 그가 하는 말도 통제해야 합니다. 예전에는 더 나빴어요. 그는 우스꽝스럽고 터무니없기 짝이 없는 말들을 생각도 없이 마구 뱉어내곤 했으니까요. 하지만 수행과 명상 덕분인지, 시간이 지나면서 나도 멍청한 말들이 그의 입 밖으로 튀어나오기 전에 멈추게 하는 일을 이젠 좀더 잘 할 수 있게 되었어요. 하지만 아직도 늘 성공하기만 하는 건 아니라서 때로는 그런 말들이 나의 경계를 피해 가기도 해요.

그의 어머니가 즐겨 쓰던 말이 있어요. "나는 겉 다르고 속 다른 사람이 아니다." 하지만 나는 그가 그의 어머니처럼 되게 두지는 않을 거예요. 그럼 사람들에게 많은 상처를 줄 수 있고, 그게 또 부메랑이 되어서 그에게 돌아오니까요. 그러니까 나는 그가 하는 말까지도 통제해야 합니다.

당연히 나는 그의 행동도 통제해야 해요. 그는 카르마에 대해 많이 배웠어요. 그리고 당신도 알다시피, 행동이나 말은 물론이고 심지어 생각까지도 카르마를 만들어내잖아요. 그러니 나는 그 모든 것 ― 행동, 말, 생각 ― 을 통제해야 해요. 요즘 나는 그가 공격적이거나 비열한 생각을 더 이상 예전만큼 하지 않는다는 걸 알아차렸어요. 내가 하는 일이 바로 그렇습니다. 그가 특정한 방식으로 사물을 바라보거나 인식하지 못하게 하는 것 말이에요.

그는 나를 정말 혐오했었지요. 1971년에 처음으로 참선을 시작했을 때 그는 내가 장애물이라는 것을 발견했고, 그래서 나를 제거하려고 애를 정말 많이 썼어요. 실제로 꽤 성공하기도 했지만 솔직히 말해서 내가 없으니까 때로는 일종의 통제불능 상태에 빠지기도 했어요.

중요한 것은, 내가 그와 멀어질수록 그의 자아는 더욱 통제불능에 빠졌다는 사실이고, 나는 그걸 건강한 상태라고 생각하지 않아요. 나는 내가 그의 아주아주 중요한 측면이라고 생각합니다. 그가 통제하는 나의 일을 하도록 허용한다면 나는 이 일을 좀더 잘, 좀더 현명하게 하는 법을 배울 수 있습니다. 내가 내 일과 내 본연의 기능을 하도록 그가 허락하기만 한다면 그는 더 행복하고 건강한 사람이 될 거예요. 그의 주변 사람들도 마찬가지고요. 그가 나를 없애려고 하면, 지금까지 그래 온 것처럼 나를 막 제거하고 죽여버리고 파괴하려 하고 어떤 식으로든 나의 존재 자체를 부인하려 든다면, 암요, 그는 정말로 통제불능에 빠질 수 있습니다.

촉진자: 그가 무엇 때문에 당신을 장애물로 여겼나요?

통제자: 1971년, 그 최초의 경험 후에 그는 자신이 그런 경험을 할 수 있었던 것은 어떻게든 내가 이전만큼 나서지 않게 되었기 때문이라는 것을 알게 됐지요. 그가 그 사막에 앉아 있었을 때, 어떻게든 어떤 이유로든 나는 이를테면 버려져 있었고, 그때 그는 그 심오한 체험을 했던 겁니다. 그리고 그 이후로 내가 자신의 명상을 방해하는 장애물이라는 생각을 하게 되었던 거고요. ─ 그게 그가 60년대부터 해오던 게슈탈트 심리요법 때문이었는지, 아니면 다른 무엇때문이었는지는 나도 모르겠어요. 나중에는 내가 명상에 매우 도움

이 될 수도 있음을 깨닫긴 했어요. 내가 상황을 통제해서 그가 매우 조용하고 고요한 마음으로 들어갈 수 있게 해주니까요. 하지만 처음부터 그랬던 건 아니에요. 처음에는 어떻게든 나를 제거해야만 가고 싶은 곳으로 갈 수 있는 것처럼 보였으니까요. 그래서 나를 영원히 제거해버리고 싶다는 생각을 하게 된 겁니다. 하지만 현명한 생각은 아니었지요.

촉진자: 이제 그는 당신을 인정해줍니까?

통제자: 네, 지금은 인정해줍니다. 내가 필요하고, 내가 자신을 위해 중요한 일을 한다는 것을 아니까요.

촉진자: 통제자님, 한 가지 부탁드릴 일이 있습니다. 제가 다른 목소리들과 말하고자 할 때 당신의 도움을 받으면 참 좋을 것 같아요. 그래서 부탁하는 건데, 제가 다른 목소리들과 이야기할 때 그 각각의 목소리들과 대화할 수 있는 확실한 채널을 제공해주고 당신이 가장 잘하는 일을 해주실 수 있을까요? 통제 말입니다. 당신을 포함해서 제가 말하는 모든 목소리들을 하나하나 통제해주고 그들이 저와 얘기하지 않을 때는 조용히 있게 해주세요. 부탁입니다. 촉진자인 저는 통제자님의 협조와 지원이 필요합니다. 그래야만 저와 각 목소리들이 서로 큰 잡음 없이 분명하게 소통할 수 있을 테니까요.

누구든 대화에 끼어들 필요가 생긴다면 제가 그 말하고 싶어하는 목소리가 누구인지를 밝혀줄 것을 당신에게 부탁하겠습니다. 그 목소리가 당신 자신이든 다른 목소리이든 말입니다. 때로는 두려움이나 회의자나 거부자의 목소리가 끼어들고 싶어할 수도 있겠지요. 위협을 느끼거나 자신을 알릴 필요가 있다고 느낄 수 있으니까요. 그런 일이 생기면 저에게 말해주시기 바랍니다. 그러면 말하고자 하는 당신이나 그들의 요구를 받아들일 테니까요. 제 생각에 통제자님의 도움 없이 이 과정을 진행하는 건 무익한 짓인 것 같습니다. 그렇겠죠?

통제자: 그렇습니다. 당연히 정말 그렇겠지요. 당신이 어떤 목소리와 이야기하도록 내가 허락해주지 않으면 당신이 그 목소리와 말할 방법은 없습니다. 내가 가운데서 완전히 막아버릴 수도 있으니까요.

촉진자: 그럼 좋습니다. 자, 이제 회의자(The Skeptic) 목소리와 대화해도 되겠습니까?

통제자: 네, 좋습니다.

회의자

촉진자: 누구신가요?

회의자: 회의자라고 합니다. 왜 나와 이야기하고 싶다는 거죠? 뭘 원하는 거요?

촉진자: 저는 단지 당신의 역할이 무엇인지, 무슨 일이나 기능을 하시는지 알고 싶습니다.

회의자: 왜 그걸 알고 싶어하는지는 모르겠지만 기본적으로 내 일은 의심하는 겁니다. 솔직히 이 자아 ― 그 ― 는 정말로 순진한 바보입니다. 내가 없다면 그는 줄줄이 사기만 당할 거예요. 또 내가 도와주지 않으면 사이비종교에 빠져서 잠적이라도 할 겁니다. 내가 없으면 그는 틀림없이 당장 파산해버릴 테고 최악의 경우엔 죽을지도 모릅니다. 그는 무모할 정도로 사람들을 과신하고, 분별력이라고는

눈을 씻고 찾아봐도 없습니다. 사실 예리하거나 똑똑하다고도 볼 수가 없어요. 나는 1마일 밖에 있는 사기꾼도 찾아냅니다. 나는 그의 무수한 목소리들 중에서도 제일 똑똑하고 예리한 목소리일 겁니다. 그리고 물론 나는 그에게 정말로 중요합니다.

촉진자: 그래서 지금은 무엇에 대해 회의하고 계신가요?

회의자: 일단은 바로 당신이 의심스럽네요. 나는 당신을 믿지 않아요. 무슨 꿍꿍이속인지 모르겠어요. 당신이 하는 말이 사실인지도 믿을 수 없어요. 그리고 이 모든 것을 그가 조금이라도 제대로 이해할 수 있을지도 의심스러워요. 그에게 과연 깨달을 능력이 있는지도 모르겠어요. 그가 정말로 깨닫는다고 하더라도 그것이 그의 삶을 이롭게 할 의미를 하나라도 갖게 될지도 정말 의심스러워요. 그것이 다른 사람들에게 이롭게 작용할지도 마찬가지로 의심스럽고요.

비이원적인 경험이란 것을 그렇게 금방 할 수 있다는 말도 정말 의심스럽습니다. 나는 진정한 깨달음을 경험하려면 각고의 훈련과 공부와 영혼의 탐구를 오랫동안 해야만 한다고 생각합니다. 그래서 이 방법론을 신뢰하지 않고 이 과정도 신뢰하지 않고 당신도 신뢰하지 않고 그도 신뢰하지 않습니다. 내가 이 방법론에 대해 지금보다 조금이라도 덜 회의적이길 바란다면 당신은 이 방법이 좋다는 것을 증명해야 할 겁니다.

알다시피 나는 그가 이 모든 것을 어느 하나라도 제대로 배울 능력을 갖고 있는지도 정말로 의심스럽습니다. 이 모든 것은 그의 상상력과 이해력을 까마득히 넘어서는 일인 것 같으니까요. 그러니까, 다른 현실들이라는 이게 다 대체 뭡니까? 깨달음의 경험을 창조한다는 건 또 무슨 말인가요? 나는 그런 일이 다른 사람들은 둘째로 치더라도 그의 인생에 이롭게 작용할지, 과연 조금이라도 도움이 될지 잘 모르겠습니다. 내 말은 그가 아주 자기중심적이라는 겁니다. 그런 그가 과연 정말로 다른 사람들을 위한 자비심을 가질 수 있을지 모르겠어요. 그는 전적으로, 언제나 자기 자신에만 집중합니다. 그는 나, 나, 나, 나밖에 모릅니다. 그가 그렇게 되고 싶어하는 것 같은, 자아도 에고도 없고 이타적이라는 그런 사람이 정말 될 수 있을까요? 난 정말 의심스럽습니다. 당신도 알다시피 아침에 일어나자마자 그가 가장 먼저 생각하는 건 그 자신이니까요. 잠들기 전에 마지막으로 생각하는 것도 그 자신이고요. 하루종일 생각하는 것도 거의 다 오로지 그 자신뿐이에요.

그가 변화를 위한 능력이나 기량을 갖고 있는지도 의심스럽습니다. 그는 수십 년 동안이나 변화하려고 애써왔지만 진실을 말하자면 그다지 발전한 모습이 보이질 않아요. 그의 아이들도 동의할 거라고 확신합니다. ─ 그의 딸이 지금 해변에서 바로 그의 옆에 앉아 있네요. 그녀도 동의할 겁니다. 그의 아내도 물론 동의할 거고요.

회의자인 나는 나의 회의하는 능력이 완벽한지도 의심합니다. 솔직히 나는 그가 어떤 일에도 위대한 사람이 될 수 없을 것 같습니다. 그러니까 위대한 회의자조차도 될 수 없을 것 같단 말이에요. 당신도 알다시피 그는 그저 그렇게 평범한 보통 사람이니까요. 그런 그가 어떻게 무엇에든 위대한 사람이 될 수 있겠어요? 그러니 나의 회의하는 능력조차 의심스럽습니다. 나는 그것에 대해서도 회의합니다.

촉진자: 좋습니다. 정직하고 솔직하게 말해주셔서 감사합니다. 더 이상 할 말이 없으시다면 이쯤에서 다른 목소리와 대화할 수 있도록 허락해주시겠습니까?

회의자: 글쎄, 나는 이 과정에 회의적이지만 지금으로서는 더 이상 할 말은 없는 것 같네요. 하지만 필요할 때 다시 말할 수 있는 기회는 있었으면 좋겠군요.

촉진자: 물론입니다. 그렇게 하셔도 좋습니다. 말하고 싶으시면 그저 저에게 알려만 주세요.

회의자: 좋습니다. 나쁘지 않군요. 이 모든 과정이 무슨 의미가 있을까 혹은 과연 무슨 목적에 소용될까에 대해서는 여전히 회의적이지만, 계속해보세요. 시도해볼 수는 있으니까요.

두려움

촉진자: 좋습니다. 이제 두려움의 목소리와 대화해도 되겠습니까?

두려움: 좋습니다. 내가 두려움의 목소리입니다.

촉진자: 당신의 역할은 무엇입니까?

두려움: 뻔하지 않나요? 나의 역할은 두려워하는 겁니다. 두려워할 것이 아주 많습니다. 모든 것이 계속 변해가면서 끊임없이 나의 통제를 벗어나려고 합니다. 한시라도 믿고 의지할 거라곤 눈을 씻고도 찾을 수 없습니다. 저 바깥에는 놀랄 일들만 널려 있습니다. 저는 누구든지 무엇이든지 언제고 그를 해칠 수 있다고 봅니다. 이 사람은 너무나 취약하고 나는 그가 그렇다는 걸 잘 알고 있습니다. 나는 삶이란 것이 매우 소중하지만 동시에 깨지기 쉽고 순식간에 다 잃게 될 수 있다는 사실도 잘 압니다. 나는 우리가 지구 행성이라는 이 구슬

위를 바쁘게 돌아다니고 있고, 거기에 언제 무슨 일이든지 일어날 수 있다는 것도 잘 압니다. 내 말은, 운전대를 잡고 있는 사람이 아무도 없다는 겁니다. 우리가 타고 있는 이 기계를 다룰 운전수도 조종수도 없다는 겁니다. 이 기계는 그저 공간 속을 날아다니고만 있지요. 언제라도 뭔가에 부딪힐 수 있습니다. 그러면 그건 마치 핵무기 백 개가 폭발하는 것 같을 겁니다. 그건 생각만 해도 놀라 자지러질 일입니다.

내가 얼마나 겁에 질려 있는지를 생각해보니, 하루 24시간 일주일 내내 겁먹은 상태임을 인정해야 할 것 같네요. 그리고 그럴 만한 이유도 충분하고요. 게다가 그는 너무나 멍청합니다. 제한속도를 넘어서 운전하기를 좋아한다니까요. 모터사이클을 타면서 위험을 감수하는 일도 즐기고요. 그가 위험한 짓을 즐기고 있을 때 나는 끊임없이 위험지대 경고 사이렌을 날려야만 합니다. 그가 소중한 모든 것을 잃게 될 수도 있으니까요. 사랑하는 사람은 물론 그의 인생 자체를 잃게 될 수도 있어요. 재산도 잃을 수 있고요. 바로 얼마 전에만 해도 그는 매우 비싼 안경을 잃어버렸어요. 바로 몇 분 전에도 컴퓨터에 저장해야 할 파일을 날려버렸잖아요. 아침 내내 작업한 것을 삭제해버린 거예요.

나는 경계심을 늦출 수가 없어요. 조금도 방심할 수가 없습니다. 내가 없다면 그는 아마도 세상에서 가장 멍청하고 바보 같은 짓을 하고 다닐 겁니다. 모르긴 몰라도 비행기에서 뛰어내리기까지 할 거예요. 내가 없다면 낙하산도 없이 그 짓을 하고도 남을 사람이에요. 아주 괴짜라니까요.

촉진자: 그는 당신을 어떻게 생각합니까? 당신을 어떻게 보고 있죠?

두려움: 아, 물론 그는 나를 아주 싫어합니다. 할 수만 있었다면 나를 완전히 제거해버렸을 거예요. 나를 죽이고 파멸시켜 흔적도 없이 없애버렸을 겁니다. 제가 기억하는 한 그는 늘 나와 등을 지고 살았어요. 그는 늘 내가 훼방하는 바람에 자기에게 정말 즐거운 일, 스릴 있는 있을 못하게 된다고 생각해요. 나 때문에 긴장하게 되니까요. 불안하게도 되고요. 어쩌면 나 때문에 암에 걸렸었다고 생각할지도 몰라요. 내가 자기에게 스트레스를 너무 많이 줘서 그랬다고요. 하지만 사실을 말하자면 내가 그러는 것은 그가 내 말을 제대로 듣지 않기 때문이에요.

그가 내 말에 귀를 기울이기만 하면 내가 스트레스를 줄 일도, 그렇게 불안하게 만들 일도 없을 텐데요. 내가 하는 말에 주의를 기울여서 조금만 더 잘 들어준다면 나도 좀 느긋해질 수 있어요. 하지만 늘 그렇듯이 나는 항상 그가 내 말을 듣지 않을 거라는 두려움 속에서 살아요. 그는 미쳐 날뛰는 바보니까요. 내가 보기에 그는 늘 위험을 감수하고 도박을 하지요. 수영장에 물이 있는지 없는지 보지도 않고 10미터 높이에서 뛰어내릴 인간이니까요. 평생을 그랬어요. 내가 그를 믿지 못하는 것도 당연한 일 아닌가요? 안 그래요?

내가 없었다면 그는 지금쯤 분명히 죽었을 겁니다. 확실합니다. 나 없이 이 사람이 이렇게 오랫동안 살아남아 있을 수는 없지요. 나는 정말 늘 그를 보살폈습니다. 네, 어쩌면 그가 원한 것보다는 좀 과하게 그랬을 수도 있지만, 내가 없으면 그는 완전히 겁을 상실한다니까요. 내가 그를 보살피지 않는 일은 없을 거예요. 그건 정말로 멍청하고 바보 같은 짓이니까요.

그가 자신의 정체성, 믿음, 생각, 견해 등을 잃는 것만큼이나 제가 두려워하는 것은 그가 자아를 잃는 것이에요. 당신도 알다시피 그는 그 자아라는 걸 구축하기 위해 평생을 투자해왔잖아요. 그래서 나는 그가 그 자아를 잃는 것이 무섭습니다. 그는, 아니 우리는 거기에 너무나 많은 것을 투자해왔으니까요. 당신도 알다시피 60년도 넘게 말입니다. 사실은 그래서 자아를 잊어버린다느니 잃어버린다느니 하는 이 모든 대화가 내겐 아주 끔찍합니다.

솔직히 나는 먼저 자아를 갖고 자아의 구축부터 해야 한다고 말하는 일부 심리학의 가르침에 더 편안함을 느낍니다. 나는 그가 그 자아를 죽이는 것은 고사하고 자아를 잃는 것에도 아직 준비가 되어 있지 않은 것 같아서 걱정이 됩니다. 죽이는 것은 정말이지 더 무섭고요. 그런 말은 너무 폭력적이고 잔인한 것 같습니다. 놓아 보낸다는 말조차 그렇습니다. 자아가 없다면 그는 대체 어디에 있게 될까요? 그러니까 그때 결정을 내리는 사람은 누가 된답니까? 옳고 그른 것들, 행동과 말이 적당한지 않은지를 평가하고 분별할 사람 말입니다. 자아가 없는 그는 아마도, 잘은 모르겠지만 기능부전 상태에 빠질 것 같습니다. 그것도 난 너무나 두렵습니다.

나는 두려움이기 때문에 상실과 관련된 모든 것이 정말 두렵습니다. 그가 아이들, 아내, 사랑하는 사람들, 그의 관계들, 그의 삶을 잃게 될까봐 두렵습니다. 뭔가를 잃는 것이라면 다 두렵습니다. 그가 핸드폰을 잃어버리는 것까지도요. 두려워할 것이 너무 많습니다. 뭔가를 잃어버리는 건 너무 쉬워요. 변화라는 것도 그동안 알아왔던 방식을 잃는 것이고, 어떤 것이 주었던 안정과 안전을 잃는 것이잖아요. 그러니까 내가 하는 일의 많은 부분은 상실에 대한 두려움과 관계된다고 말할 수 있을 것 같아요.

난 이제 당신이 다음에 던질 질문조차 두렵네요. 지금까지 우리가 해온 일을 살펴보는 것 자체도 이미 무서웠어요. 정말로 무서워요. 벌써부터 통제력을 잃고 있는 것 같아요. 난 이제 내가 누구인지도 잘 모르겠어요. 나 지금 제대로 말하고 있나요? 지금 제대로 하고 있나요? 이 일을 제대로 이해하고 하기에는 내가 너무 멍청한 거 아닐까요? 잘 모르겠어요. 지금도 많은 두려움이 몰려오고 있어요.

촉진자: 다른 목소리와 얘기하도록 허락해주시겠습니까?

두려움: 그것도 두렵지만 좋아요. 어떤 목소리 말입니까?

화

촉진자: 화의 목소리와 말할 수 있게 허락해주시겠습니까?

화: 여기 있소! 원하는 게 뭐요?

촉진자: 그냥 당신의 말을 들어보고 싶어요. 당신에 대해 조금 알고 싶거든요. 하시는 일, 역할, 자신을 어떻게 생각하고 있나 이런 것들 말입니다.

화: 도대체 뭣 때문에요? 그런 질문을 듣는 것 자체가 나를 화나게 하는군. 뭘 위해서 나와 얘기하고 싶다는 거요? 이 자는 날 달갑게 생각하지 않지. 하지만 난 분명히 그에게 에너지를 주고 있소. 그게 내가 보는 나의 모습이오. 세상에는 화낼 일이 너무 많아. 우선 확실히 말하자면 나는 언제나 그에게 항상 화가 나오. 그는 오래된 습관

에 다시금 다시금 빠져 들어가요. 당신도 알다시피 그는 나이가 예순 둘이나 먹었지 않소. 그럼 당신도 그가 이제는 좀 나아졌으리라고 생각하시겠지. 상황대처 능력도 나아졌고 말이야. 나는 그가 그 뿌리 깊은 습관들을 버리지 못하고 계속 되풀이하는 데는 분노를 참을 수가 없소. 그는 사람들이 자기를 이용하도록 내버려두고 자꾸만 처음으로 되돌아가요. 젊었을 때는 뾰족한 수가 없었을 수도 있지. 하지만 아직도 그런 뻔한 함정에 빠지곤 한단 말이오. 그가 그렇게 어리숙하게 행동할 때면 난 진짜 괴롭소.

나는 다른 사람들에게도 화가 나요. 정말. 사람들이란 늘 자기 생각만 하고 자기중심적이지. 그가 처한 상황이나 다른 사람들이 처한 상황에 대한 일말의 동정심이나 배려 따위는 찾아볼 수가 없소. 그냥 세상을 한번 둘러보슈. 엉망진창이 따로 없지. 사람들은 서로 잘 지낼 수가 없어. 모두 정신이 없다니까. 지혜, 자비, 공감능력 같은 게 없어. 세상엔 이기적이고 자기 생각만 하는 사람밖에 없고 아무도 진짜로 바뀌려고 하지는 않는 것 같소.

촉진자: 당신은 어떤 방식으로 그를 돕고 있나요?

화: 기본적으로 나는 그에게 힘을 주지. 그는 모든 헛수작들을 뚫고 지나가는 하나의 방편으로서 나를 이용하는 법을 몇 년에 걸쳐 배웠소. 그래서 많은 에너지를 얻었지. 심지어 쓸데없는 것들을 버릴 때나 누군가에게 깨우침을 줄 때 나를 현명하게 이용하는 법까지 배웠소. 그가 젊었을 때 내가 많은 일들에 무조건 화만 낸 건 사실이오. 이제 그는 나를 좀더 현명하게 쓰려는 것 같소. 나는 사람들의 무지, 망상, 우둔함 같은 여러 가지 것들에 화가 나지. 나한테는 그들이 그렇게 보이거든. 나는 사람들의 이기심에도 화가 나. 그리고 뭔가 한

가지에 집착해서 다른 말은 들으려고도 하지 않는 사람도 주목하게 되고. 알다시피 사람들은 자신이 알고 있는 것이나 사신의 관점 같은 것에 너무 쉽게 집착하거든. 나는 그런 사람들에게 신경이 쓰이고, 그럼 화가 나.

상처 입은 자아

상처 입은 자아: 제가 상처 입은 자아입니다.

상처 입은 자아: 저는 상처 받았습니다. 잘 모르겠어요. 제가 무슨 쓸모 있는 역할을 하고 있거나 한지를요. 저는 그저 상처 입은 상태입니다. 아시다시피 난 지난 세월 나쁜 일들을 많이 겪었고, 그래서 그 모든 상처를 다 안고 있으니까요. 저는 깨졌고 어쩌면 파괴되었다고까지 할 수 있습니다. 상처 입은 것은 당연하고요.

촉진자: 언제 그 모든 일이 시작됐습니까?

상처 입은 자아: 시작은 기억도 할 수 없습니다. 어쩌면 자궁 속에서부터, 심지어 그 전부터였을 수도 있어요. 정확히는 모르겠습니다. 하지만 제가 기억하는 한 저는 항상 상처를 입었습니다. 삶이 제게 상처를 입혔습니다. 심지어 제가 기억하지 못하는 방식으로도요. 태어나면서도 상처를 받았으니까요. 그의 어머니는 72시간이나 산고를 겪었어요. 그는 나와야 할지 안에서 버텨야 할지 마음을 정할

수 없었던 것 같아요. 그래서 어머니는 거의 죽을 뻔했지요. 그 모든 일이 저에게는 상처가 되었고요.

총알이 어느 방향에서 날아오든 간에 표적은 늘 제가 되는 것 같아요. 제가 일부러 그러는 건지도 모르겠어요. 하지만 그런 것 같지는 않아요. 저는 그것이 저의 직업이고 제가 하는 일이라고 생각해요. 그렇다고 칭찬을 받는 것도 아닌데 총알을 맞는 건 언제나 저예요. 그건 언제나 저를 맞춰요. 상처를 주는 것이 수천 마일 떨어져 있어도 신문, TV를 통해서든 전화기를 통해서든 어떻게든 저한테까지 도착해요.

타격을 받는 것은 늘 저예요. 그리고 지금 생각해보니 다른 사람들은 아무도 상처를 받지 않는 것 같아요. 항상 저만 그래요. 그의 나머지 목소리들은 늘 처벌을 모면하는 것 같아요. 그러니까 당신은 제가 순교자라고 할지도 모르지만 그렇지는 않아요. 그냥 저만 그래요. 다른 사람들은 다 멀쩡한 것 같아요. 잘 모르겠지만 저한테는 그래 보여요.

촉진자: 흠… 당신이 그 모든 상처들을 끌어안지 않았다면 다른 목소리들이 상처 입었겠지요.

상처 입은 자아: 네, 맞는 말씀 같아요. 좋은 지적이에요. 사실 제가 있어서 다른 목소리들이 상처를 전혀 입지 않았거든요. 그들은 모두가 지금도 태어날 때처럼 순수하고 완벽해요. 좀 위로가 되네요. 그렇게 보면 좋을 것 같아요. 저도 어느 정도 좋은 용도로 쓰이고 있다고 봐요. 그러고 보니 제가 겪어야 했던 그 모든 고통에도 불구하고 기분이 좀 나아지네요. 제가 어떤 용도에 쓰이고 있음을 깨닫다니 좋은 일 같아요. 결국은 저도 그렇게 나쁘지만은 않나 봐요. 저 때문

에 이 자아는 다른 상처 입은 사람들의 고통에 공감할 수도 있고 제가 '상처 입은 자아'이기 때문에 이 자아는 상처 입지 않고 살 수 있으니까요. 이 자아는 완벽하고 완전하고 온전해요. 저 때문에요.

이 사람이 저를 어디에다 두는지 아세요? 지하 감옥에 가둬둬요. 지하실에 집어넣고는 문을 잠가버려요. 기쁜 마음으로는 저를 볼 수가 없나 봐요. 하지만 솔직히 말해서 그런 태도는 바뀌어야 한다고 생각해요. 그는 저를 상처입고 망가진 물건처럼 봐요. 사람들이 아무도 모르도록 저를 숨겨두려고 하죠. 희생자의 목소리가 저의 이야기를 다른 사람들에게 말할 때만 저에게서 약간의 기쁨을 찾는 것 같아요. 그럼 그것이 저한테는 또 상처가 돼요. 희생자가 혼자서 모든 칭찬을 다 듣는 것 같거든요. 희생자는 저의 상처를 가지고 대하영웅소설을 만들어서는 모든 사람들에게서 위로를 받아요.

촉진자: 상처받은 자아로서 말해보세요, 언젠가 치유될 것 같나요?

상처 입은 자아: 글쎄요… 아뇨. 치유를 받으면 저는 더 이상 상처받은 자아가 될 수 없잖아요. 상처받은 자아가 되는 것이 저의 일인 걸요. 저는 결코 치유될 수 없고, 그래도 괜찮아요.

촉진자: 그럼 상처받은 자아님, 괜찮으시다면 이제 다른 목소리와 얘기하고 싶습니다.

상처 입은 자아: 이런! 이제 겨우 얘기를 시작했는데 벌써 가시겠다고요? 저를 버리시네요. 이젠 당신에게 상처받은 느낌이네요. 사실은 이 자아, 그러니까 겐포가 외부의 어떤 사람들보다도 저에게 더 많은 상처를 줬을 거예요. 그가 다른 어떤 사람보다도 더 나를 해쳤던 것 같아요.

희생자

촉진자: 그렇군요. 유감입니다만 이제 갈 시간인 것 같습니다. 희생자와 얘기하고 싶습니다. 그래도 될까요?

희생자: 저에 대해 무엇을 알고 싶으신가요?

촉진자: 당신은 어떤 사람입니까? 역할과 기능을 말씀해주시겠습니까? 무슨 일을 하고 계신가요?

희생자: 저는 상처를 너무나 많이 받아왔다고 말하고 싶은데 '상처받은 자아'가 하는 말을 듣고 나니 상처받은 사람은 제가 아니라는 생각이 듭니다. 저는 동정을 받는 것으로 이 자아를 돕고 있는 것 같습니다. 저는 그의 이야기를 사람들에게 들려줍니다. 저는 그가 상처받아왔고 상처받고 있으며 앞으로도 계속 상처받을 거라는 걸 사람들이 알게 해줍니다. 진실은 그가 늘 상처를 받을 거라는 것입니다. 세상은 끊임없이 우리에게 상처를 주고, 이 자아도 끊임없이 상처를 주고 있으니 저는 이 모든 일에서 끝을 볼 수가 없습니다. 오히려 상처는 더 늘어날 것 같습니다. 그가 혹은 우리가 겪어왔던 것들이 충분했다고 볼 수는 없을 것 같거든요. 그 사연들을 품고 있는 건 저이고, 누구라도 들어주는 사람이 있다면 저는 그 이야기를 할 겁니다.

저는 다른 희생자들에게 정말 잘 공감할 수 있습니다. 저는 감정이입을 잘해요. 특히 어떤 방식으로든 몹쓸 짓을 당한 아이들이나, 남자든 여자든 잔인한 취급을 당한 사람들을 잘 이해한답니다. 남자도 충분히 희생자가 될 수 있잖아요. 저는 여자도 남자만큼이나 온갖 종류의 학대를 할 수 있다고 생각해요. 그리고 물론 저는 자신을 희생자로 느낍니다.

촉진자: 그렇군요. 희생자가 되면 힘을 잃게 된다는 생각은 하지 않으시는지요?

희생자: 힘이요? 그런 건 상관없어요. 저는 힘을 얻으려고 애쓰지 않아요. 저는 진실을 말하고 저의 사연을 세상에 알리고 그것이 저에게 얼마나 힘든 일이었는지, 그리고 이 인생 자체가 얼마나 힘든지를 보여주고 공감을 얻으려는 것뿐이에요. 저는 저의 이야기를 합니다. 어쩌면 조금 윤색할 수도 있어요. 저는 비난할 것이고, 정의를 요구할 것이고, 주목받고 공감을 얻는 데 도움이 된다면 심지어 죄책감조차 만들어낼 테지만 힘을 추구하지는 않아요. 그건 나의 길이 아니에요.

저는 그가 거듭거듭 배신당하는 것을 봅니다. 부모님이든 그가 만나는 사람이든 그가 일해주는 사람이든 그를 위해 일하는 사람이든 모두, 그의 학생들까지도 그를 실망시키거나 온갖 문제를 안겨줍니다. 그는 괜찮은 사람이 되려고 정말 열심히 노력하지만 여기저기서 걷어차이기 일쑤입니다. 세상에는 온갖 견해와 생각을 가진 얼간이들이 많지만 솔직히 말해서 정말 멍청한 놈들도 더러 있어요.

그러니까 정리하자면 저는 상처받은 자아는 아니지만 때론 헷갈리기도 한다는 겁니다. 상처받은 자아와 너무 가까운 게 문제인 것 같아요. 하지만 확실한 것은 낱낱의 상처가 저를 그만큼 더 어쩔 수 없는 희생자로 만든다는 거예요. 그러니까 상처받은 자아가 더 상처받을수록 저는 더욱 희생자가 된 기분을 느낀다고 말할 수 있을 것 같아요. 저는 확실히 희생자가 된 기분입니다. 이게 제가 할 수 있는 말의 전부네요.

상처 입기 쉬운 순진한 아이

촉진자: 통제자님, 이제 '상처 입기 쉬운 순진한 아이'와 대화해도 되겠습니까?

상처 입기 쉬운 순진한 아이: 네.

촉진자: 지금 대답하신 분은 누구신지요?

상처 입기 쉬운 순진한 아이: 나는 상처 입기 쉬운 순진한 아이예요.

촉진자: 당신은 왜 상처 입기 쉬운 순진한 아이로 알려졌나요?

상처 입기 쉬운 순진한 아이: 왜냐하면 나는 너무나 상처 입기 쉬울 만큼 순진하기 때문이에요. 나는 그 어떤 벽도 보호막도 장벽도 세우지 않아요. 나를 보호하는 것은 아무것도 없고 나는 보이는 것을 그대로 믿어요. 나는 호기심이 많아요.

나는 세상을 절대적으로 새롭고 신선한 눈으로 봐요. 세상을 볼 때마다 마치 처음 보는 것처럼 바라보죠. 모든 것이 마술 같아요. 나는 보호받지 않고 있지만 그 상태 그대로 그냥 완벽해요. 나는 보호가 필요하기 전까지, 벽이 세워지기 전까지만 존재하는 목소리예요.

그는 나를 오래전에 묻어버렸어요. 그러다가 할 스톤과 작업하던 1983년에 다시 나에게 접근해왔지만 그로부터 다시 20년이나 지나서야 진짜로 나를 끄집어냈어요. 나는 그에게 재미와 창조성과 즉흥성과 기쁨과 즐거움을 가져다줬어요.

나는 순수성과 개방성과 자유를 전적으로 신뢰하고, 나에게 세상은 늘 경이로워요. 나는 평화롭고, 온전히 제자리에 머물러 있어요. 나에게는 경계도 국경도 없어요. 내가 사는 곳은 정말 흥미로운 공간이에요. 마음대로 놀 수 있고 놀 거리로 가득해요. 멋지죠.

이원적인 마음

이원적인 마음: 나는 이원적인 마음입니다. 나는 선과 악, 자아와 타자, 나와 당신처럼 사물을 이원적으로 구분해서 봅니다. 나는 모든 것을 반대극의 쌍으로 바라봅니다. 그래서 다들 나를 이원적이라고 하지요. 나는 분석하고 판단하고 평가하고 구별하고 창조할 수 있습니다. 나는 다리와 건물과 비행기와 로켓을 만들어내는 마음입니다. 나는 위대한 건축가이자 분석가이고 발명가인 마음입니다. 나는 이 세상에 절대적으로 중요한 존재이고, 내가 곧 이 자아라고 할 수 있을 정도로 그와도 매우 가깝습니다.

그와 나는 기본적으로 구분이 불가능합니다. 사실 내가 없다면 자아도 없을 겁니다. 내가 없다면 도덕도 윤리도 없고 옳고 그름도 선악도 없을 겁니다. 내가 없다면 그는 이 세상에서 살아가는 데 필수적인 그런 분별을 할 수 없을 겁니다.

나는 그의 삶에 결정적으로 필요한 존재입니다. 내가 없으면 그는 자신이 어디서 끝나고 타인은 어디서 시작되는지조차 모를 겁니다. 그 모든 경계가 사라져버릴 테니까요. 경계가 없다면, 한계가 없다면 이 세상은 어디로 가게 될까요? 나는 그의 한계와 다른 사람의 한계를 볼 수 있는 존재입니다.

욕망

촉진자: 이제 욕망의 목소리와 얘기하고 싶습니다.

욕망: 내가 욕망의 목소리입니다. 나는 욕망하고 원하고 갈구합니다. 나는 그에게 쾌락과 만족과 기쁨과 행복을 주고 싶습니다. 나는 늘 더 많은 것을 원합니다. 그것이 나의 일이고 역할입니다. 내가 없다면 그는 지금 살아 있지도 못했을 겁니다. 아시다시피 인류는 내가 없이 존재할 수 없습니다. 나는 그가 추울 때 덥히고 뜨거울 때 식히고 배고플 때 먹이고 피곤할 때 자게 합니다. 나는 그에게 절대적으로 필요합니다.

그런데도 나는 때로 부당한 비난을 받습니다. 특히 종교들이 나를 비난합니다. 그들은 내가 늘 통제불능이어서 끝없이 더 많고 더 크고 더 낫고 더 위대한 것을 원한다고 생각합니다. 불교 같은 일부 전통에서는 내가 고통의 원인이라고 말하는 사람들도 있습니다. 하지만 사실은 내가 없다면 이 자아의 삶도 없습니다. 내가 없다면 그 어떤 자아도 존재할 수 없게 될 것입니다. 그러니 난 누명을 뒤집어쓴 기분입니다.

내가 만족을 모른다는 건 사실입니다. 나는 만족할 줄 모르지만 그게 나의 일인 걸요. 늘 더 원하고 더 좋은 것, 더 큰 것을 원하는 것 말입니다. 내가 없다면 이 지구와 인류는 어떻게 되겠습니까? 달로 날아가기를 욕망한 것도 나입니다. 이곳에서 저곳으로 더 빨리 더 안전하게 날아가고 싶다고 염원했던 것도 나입니다. 이 현대 세계에서 우리가 아는 모든 것을 가능하게 만든 것이 바로 나입니다.

촉진자: 그는 당신을 어떻게 생각하나요?

욕망: 우리는 서로 잘 지내는 편입니다. 내가 그로 하여금 원하는 것이 무엇인지를 알게 해주니까 그는 대체로 나에게 고마워하죠. 하지만 때로 그는 내가 만족을 몰라서 그에게 골칫거리를 만들어낸다고 느끼기도 하죠. 그가 새로운 모델의 할리Harley(오토바이 상표, 옮긴이)를 볼 때마다 나는 그걸 갖고 싶어하니까요. 그가 전망이 좋거나 해변이 가깝거나 어쩐지 맘에 드는 집을 볼 때마다 나는 그 집을 갖고 싶어해요. 그럼 그는 괴로워하지요. 돈이 없기 때문일 때도 있고, 아니면 살아가는 데 꼭 필요한 것이 아니라고 생각하기 때문이지요. 그러니까 그는 나에게 고마워하기도 하고, 나를 아주 거추장스럽게 생각하기도 해요.

하지만 내가 없으면 그는 더 나은 자신을 만들려고도, 스스로를 향상시키려고도, 삶에 대해 더 많이 알아가려고도, 삶에 더 많이 감사하려고도 하지 않을 거예요. 그가 항상 현실 너머로 나아가기를 원하는 것도 나예요. 나는 그가 그 자신 너머로 나아가고 한계처럼 보이는 것들을 넘어서는 것을 보고 싶어요. 오늘날의 그가 있게 한 것도 나예요. 나는 결코 만족을 몰라서 항상 더 알고 싶고, 항상 사람들을 돕고 싶어요. 나는 지구 전체가 깨어나 의식을 되찾는 모습을 보고 싶어요. 서로 죽이지도 해치지도 않고 말이에요. 나는 지금의 상태에 만족할 수가 없어요. 세상에는 전쟁과 빈곤과 기아를 불러오고 모든 존재에 고통과 폐해를 야기하는 온갖 원인들이 가득하니까요. 나는 그가 인류로부터 이 지구를 구하기를 바라는 존재예요. 나는 그에게 절대적으로, 전적으로 중요한 존재입니다.

추구하는 마음

촉진자: 이제 추구하는 마음과 얘기해도 될까요?

추구하는 마음: 내가 추구하는 마음입니다.

촉진자: 안녕하세요? 맡고 계신 역할을 말씀해주시겠습니까?

추구하는 마음: 기본적으로 나는 욕망이 바라는 것을 추구합니다. 나는 그가 원하는 것을 찾습니다. 냉장고에 아이스크림이 없으면 나는 그를 위해 24시간 편의점에 가서라도 그것을 사옵니다. 그것이 밤 11시 30분이라고 해도요. 나는 이것저것 가리지 않고 추구합니다. 대단한 쾌락, 깊은 만족도 추구합니다. 나는 다른 사람들을 향한 더 많은 공감과 자비와 이해도 추구합니다.

나는 단순한 욕망보다는 좀더 높은 의식 형태라고 볼 수 있습니다. 욕망은 만족을 모르고 그를 기분 좋고 행복하게 만드는 것이라면 뭐든지 그저 원하기만 합니다. 나도 그런 것들을 추구하기도 하지만 나는 이 지구와 인류에게 중요하다고 생각하는 것을 추구하기도 합니다.

욕망은 단지 욕망할 뿐 추진력은 하나도 없습니다. 나는 곧 행동력입니다. 나는 밖으로 나가서 무엇이든 구해오는 존재입니다. 욕망은 단지 원하기만 합니다. 그러면 내가 밖으로 나가서 그 욕망이 원하는 것을 찾아내지요.

문제는, 일단 뭔가를 추구하기 시작하면 나도 만족을 모르게 된다는 겁니다. 나도 그저 뭔가를 늘 더 추구한다는 말이지요. 그가 아이스크림을 다 먹기도 전에 이미 나는 마실 것을 찾고 있으니까요. 아니면 잠을 자야겠다거나 그것도 아니면 또 다른 뭔가를 구하고 있지요.

도道를 추구하는 마음

도를 추구하는 마음: 내가 도를 추구하는 마음입니다.

도를 추구하는 마음: '길'을 찾고 있다는 뜻입니다. 진리, 이해, 깨달음, 평화, 행복, 충만함, 조건 없는 만족과 기쁨을 찾는다고 보셔도 됩니다. 나는 삶에서 찾을 수 있는 좀더 높은 진리들을 추구합니다. 나는 단순한 것을 추구하는 것이 아닙니다. 나는 자기실현, 깨달음, 위대한 깨달음 같은 높은 목적들을 추구합니다.

촉진자: 그 일에 만족을 느낀 적이 있습니까?

도를 추구하는 마음: 아니오. 없습니다. 늘 올라야 할 더 높은 산이 있으니까요. 늘 가늠해야 할 더 깊은 심연이 있어요. 언제나 더 알아야만 할 것들이 있어요. 그 길에 있는 것들은 무궁무진하고, 나는 그 무궁무진하고 심지어 결코 얻을 수도 없는 것들을 추구하지요. 얻을 수 없다는 것을 알면서도 그것들을 좇아갑니다. 나는 그 길의 추구를 결코 멈추지 않을 겁니다.

나는 그에게 삶의 방향과 의미와 목적을 부여합니다. 내가 없다면 그는 그 자신이나 가족의 만족만을 끊임없이 추구하겠지요. 하지만 나는 그에게 인류가 아는 최고의 진리를 영원히 추구하게 합니다.

나는 또 그가 발견한 것이 무엇이든 거기에 집착하지 못하게 합니다. 뭔가를 발견하고 나면 그는 거기에 안주하고 즐기려 드니까 말이에요. 등산과 비슷해요. 그는 정상에 오르기 전에 멋진 경치가 보이면 그 아름다움에 만족해버립니다. 그는 기꺼이 거기에서 멈추고 싶어하지만 나는 그를 계속 오르게 합니다. 내가 없다면 그는 그의 여정을 계속하지 않을 겁니다. 나는 지고의 진리를 향한 그의 등반을 위해 없어서는 안 될 존재입니다.

촉진자: 그가 당신이 문제라거나 거추장스럽다고 생각한 적도 있습니까?

도를 추구하는 마음: 지금 있는 곳에서 머물고 싶어할 때만 그렇습니다. 그가 그동안의 노력이 맺어준 달콤한 열매를 실컷 즐기고 싶어할 때, 성취해야 할 것이 더 많고 획득해야 할 더 높고 먼 목적들이 있다면서 내가 그의 옆구리를 찌르니까요. 그가 쉬면서 게으름을 피우거나 사람들과 어울려 놀고 싶어할 때 나는 그로 하여금 가부좌를 틀고 앉아 명상하게 만듭니다. 나는 그가 계속 전진하게 하지요.

촉진자: 그는 그런 당신에게 대체로 감사하고 있나요?

도를 추구하는 마음: 대체로 그렇습니다. 왜냐하면 내가 나타나기 전까지 — 다시 말해 그가 스물여섯 살이 되어서 내가 깨어나기 전까지 — 그의 삶에는 기본적으로 목적도 의미도 없었으니까요. 그가 인생에서 이루고 싶어했던 것은 명성과 경제적 안정이었어요. 그는 돈을 벌고 싶어했고 운동선수로 이름을 날리고 싶어했어요. 그러던 중에 내가 깨어났어요. 그가 나의 존재를 확연히 깨달았다고 할 수도 있고요. 그때 그의 인생이 180도 바뀌었지요. 그때부터 나는 그의 인생에 중요한 일부분이 되었습니다. 어쩌면 지금까지 당신이 만난 모든 목소리들 중에서 제가 가장 중요한 부분일 수도 있습니다.

촉진자: 그렇다면 그가 스물여섯이 되기 전까지 당신은 어디에 있었습니까?

도를 추구하는 마음: 휴면 중이었겠죠. 자고 있었어요. 그는 나를 의식하지 않았어요. 내가 깨어난 것은 '추구하는 마음' 때문이었던 것 같아요. 경기에서 이기고 올림픽에 나가고 국가대표 선수가 되고 위대한 운동선수가 되려고 했던 그 마음 말입니다. 그는 그렇게 추구하고 추구하고 또 추구했지만 진리를 추구하지는 않았어요. 내가 없었으니 깨달음은 추구하지 않고 있었던 거죠. 그가 처음 깨어난 그 순간 내가 그의 삶 속으로 들어왔어요.

촉진자: 당신이 거기 없었는데 그가 어떻게 그 첫 번째 깨어남을 경험할 수 있었을까요?

도를 추구하는 마음: 알다시피 나는 그곳에 없었으니까 그것에 대해서는 잘 모르겠습니다. 나는 그가 그 사막의 산 위에서 깨어남을 경험했던 그 순간에 태어났습니다. 나는 '도를 추구하는 마음'입니다. 그날 이전의 그는 도를 진정으로 추구하지 않았습니다. 최소한 의식적으로는 추구하지 않았습니다. 그러니까 내가 그곳에 있었다고 한다면 아마도 아주 깊이 숨겨져 있었겠지요.

도를 따르는 자

촉진자: 이제 '도를 따르는 자'와 얘기할 수 있을까요?

도를 따르는 자: 네, 내가 도를 따르는 자입니다.

촉진자: 제가 잘 몰라서 그러는데, 맡으신 역할이나 기능을 말씀

해주시겠습니까?

도를 따르는 자: 나는 추구하는 마음이나 도를 추구하는 마음과는 다릅니다. 나의 일은 도를 실제로 따르는 것입니다. 도를 따르기 위해 나는 그 길을 봅니다. 그 길과 그 길이 이어지는 방향을 최소한 언뜻이나마 봅니다. 그리고 나는 실제로 내맡깁니다. 도를 따르기 위해서 그 길에 나를 내맡깁니다.

그가 그만의 길로 가게 내버려둔다면 그는 나를 사방으로 데리고 다닐 겁니다. 하지만 도를 따르는 자인 나는 아주 명백한 방향을, 따라가야 할 크고 작은 길들을 봅니다. 내가 누군가의 발자국만을 보는지, 아니면 전체 길을 보는지는 별로 중요하지 않습니다. ─ 길이 이어지는 방향만 감지하고 있으면 나는 그 길을 따라갈 수 있습니다.

나는 매우 중요한 목소리입니다. 내 덕분에 그는 많은 것을 놓아 보낼 수 있거든요. 그는 그 길을 가는 데 방해가 될 그 자신만의 의지, 자신의 견해, 습관적 경향성, 믿음 등을 놓아 보낼 수 있어요.

촉진자: 어떤 길을 따라야 하는지는 어떻게 압니까?

도를 따르는 자: 처음에는 어떤 길을 따르고 싶은지를 나도 잘 몰랐어요. 그 사막에서 그가 처음 깨어났던 1971년 이후에도 그는 여러 가지 다른 길들을 탐험했었죠. 그는 로스앤젤레스의 선 센터에서 살면서 수행했어요. 크리슈나무르티에 대해 알기 위해 오하이Ojai(미국 캘리포니아 주 벤투라 카운티에 속한 작은 마을, 옮긴이)까지 가기도 했어요. 요가를 공부하기 위해 스와미 사치다난다가 머무는 곳에도 갔었고요. 그는 토마스 머튼 같은 기독교 신비주의자, 에이브러햄 매슬로, 에릭 프롬, 칼 융 같은 심리학자들의 책과 요가난다의 자서전 같은 책도 읽었죠. 나는 이들이 가리키는 길들 중에서 한 길을 따랐을

수도 있어요.

길은 많습니다. 모든 길이 같은 곳으로 이어진다고 하진 않겠습니다만, 상당한 수의 길이 더 훌륭하고 더 사랑 많고 더 자비롭고 더 큰 이해력과 공감력을 지닌 사람이 되는 데 도움이 됩니다. 물론 그 길들이 불교나 다른 종교나 다른 전통의 독점적 소유물은 아니에요. 반드시 영적인 길일 필요도 없어요. 사람은 저마다 다른 카르마를 갖고 있으니까요. 그런 카르마는 보통 나중에야 보이게 되지요. 그는 어쩌다 선禪의 길을 따르게 되었는데, 그 길이 그의 카르마였던 게 분명합니다. 그렇다고 모든 사람이 불교도나 선 수행자가 되어야 하는 건 아니에요. 어떤 사람은 심리치료를, 또 어떤 사람은 의식을 일깨우는 다른 훈련을, 그리고 또 어떤 사람은 요가나 스포츠를 통해서 가기도 합니다. 그리고 어떤 사람은 교회를, 아니면 뭐든 자신이 믿는 종교와 영성체계를 통해서 가기도 합니다.

나는 그 모든 길을 통해서 더욱 사랑 많고 자비로운 인간이 될 수 있다고 생각합니다. 모든 위대한 전통들이 하나같이 사랑과 자비를 가르치니까요. 중요한 것은 그런 가르침을 실제로 실천하는 것입니다. 이 실천이 바로 '도를 따르는' 일의 일부이지요. 어떤 전통을 따르든 중요한 것은 좀더 반듯한 사람, 좀더 사랑하는 사람이 되는 것입니다.

5

비이원론적이고 초월적인 목소리들

도 道

촉진자: 이제 '도'와 대화해도 되겠습니까? (자세를 바꿀 때, 똑바로 앉을 것을 권한다.)

도: 내가 도입니다.

촉진자: 도라는 것이 무슨 뜻인지 말씀해주시겠습니까? 도가 된다는 것은 어떤 것인가요? (자신이 도임을 인정한 후, 잠시 그 상태로 가만히 앉아 있어보기를 권한다.)

도: 도인 나는 거기에 도달해 있다고 느낍니다. 나는 그가 일생을 추구해온 그것인데, 아마도 그는 그 사실을 알지도 못했을 겁니다. 나는 더 이상 갈 곳도 없고 할 일도 없습니다. 추구할 것도 원하는 것도 없습니다. 나는 깨어 있는 채로 지금 여기에 온전히 존재할 뿐입니다. 나는 현존입니다. 나는 길이요, 진리요, 빛입니다. 나는 그것입니다. 나는 있습니다! 약간 오만하게 들릴 수 있다는 것을 알지만 이건 자아나 에고가 하는 말이 아닙니다.

나는 길이고, 그 길은 자아의 탄생 혹은 기원 그 이전부터 있었습니다. 나는 그 어떤 경계도 한계도 없습니다. 나는 시공간을 초월합니다. 나는 태양이고 달이고 푸른 창공이고 하얀 구름이고 야자수이고 꽃이고 새입니다. 내가 아닌 것은 아무것도 없습니다. 아무런 분리도 구분도 없이 나는 그저 순수한 사랑이고 무조건적인 존재입니다. 나는 있는(being) 그 자체입니다. 나는 되고 있는(becoming) 무엇이 아닙니다.

그냥 나로서 있을 뿐, 나에게로 오는 길 따위는 없습니다. 나는 도달할 곳도, 오거나 갈 곳도 아닙니다. 나는 태어나지도 않고 죽지도 않습니다. 나는 무채색이지만 모든 색으로 현현합니다. 나는 형체가 없지만 모든 형체들이 곧 나입니다.

인간들은 나를 추구하지만 바로 그 추구가 내가 되는 것을, 혹은 나를 발견하는 것을 가로막습니다. 그들이 곧 나이기 때문입니다. 그런 추구 자체조차 나입니다. 나는 그들의 바로 그 추구를 포함하여 그 모든 것으로 현현합니다. 하지만 추구하는 한 그들은 나를 발견할 수 없습니다. 그들은 추구 모드에 있으나 나는 '비非추구'(non-seeking)이기 때문입니다. 사실 나의 또 다른 이름은 '비추구의 마음'입니다. 나는 욕망이 없고 바라는 것도 없습니다. 그들은 나에 대해 생각하려고 하고 관념으로써 나를 파악하려 하지만 나는 획득할 수 없고 붙잡을 수 없습니다. 나는 비사고(non-thinking)의 마음이고, '생각하고 생각하지 않고'를 초월해 있기 때문입니다. 나는 순수한 좌선, 그저 앉아 있기만 하는 마음입니다. 내가 아닌 것이 없지만 나를 찾으려 나선다면 당신은 나를 찾을 수 없습니다. 나는 '도'입니다.

빅 마인드

촉진자: 당신에게 다른 이름을 주고 싶습니다. 이것도 정말 당신이고 '도'입니다. 하지만 당신에게 다른 이름을 줌으로써 우리는 당신을 다른 관점에서 볼 수 있습니다. 한 가지 테마의 변주 같은 것이지요. 이제 빅 마인드와 대화해도 되겠습니까?

빅 마인드: 내가 빅 마인드입니다.

촉진자: 빅 마인드로서 당신은 무엇을 보고 무엇을 의식합니까? 당신은 얼마나 큽니까?

빅 마인드: 나는 끝이 없고 영원하고 무한합니다. 나의 너머, 나의 밖에는 아무것도 없습니다. 내가 아닌 것도 없습니다. 나는 '도'입니다. 나는 단지 내가 시작도 끝도 없이 얼마나 영원하고 한없는지를 더 잘 인식하고 있을 뿐입니다. 한계도 경계도 절대적으로 없습니다.

나는 사물을 있는 그대로 봅니다. 나는 심판하지 않습니다. 평가도 비난도 하지 않습니다. 모든 것은 그 있는 모습 그대로 절대적으로 완벽하고 완전하고 온전합니다. 옳고 그름, 선과 악, 자아와 타자, 깨달은 자와 미몽한 자 같은 것은 없습니다. 모든 것이 그 자체로 절대적이고 완벽하고 완전합니다.

나를 해치고 상처 주고 영향이라도 줄 것이 나 자신 외에는 아무것도 없기 때문에 나에게는 아무런 두려움이 없습니다. 핵전쟁이 일어나더라도 나는 조금도 동요하지 않을 것입니다. 나는 그 전쟁 그 자체이고 내가 핵폭발입니다. 내가 죽어가는 사람이고 내가 살아남은 사람입니다. 고통받고 희생된 사람도 나이고 폭탄을 떨어뜨린 사

비이원적이고 초월적인 목소리들   **113**

람도 나입니다.

내가 아닌 그 어떤 것도, 그 어떤 사람도 없습니다. 나는 위대한 사람들 중에서 가장 위대한 사람이고 모든 악마들 중에서 으뜸가는 악마입니다. 나는 성인이자 죄인입니다. 나와 분리된 것, 별개인 것, 내가 아닌 것은 아무것도 없습니다. 나는 지금 저 나무 위에서 짹짹거리며 날개를 퍼덕이는 새들입니다. 나는 그 야자수 위의 코코넛입니다. 나는 그 야자수입니다. 나는 그 야자수 주위의 공간이고 야자수 속의 잎맥, 조직, 원자들입니다.

나는 시작도 끝도 없고 탄생도 없으며 따라서 죽음도 없습니다. 태어나지 않았으니 죽지도 않습니다. 나는 태어나지 않은 마음입니다. 나는 그 하나의 마음입니다. 나는 그 어떤 것도 선호하지 않고 미워하지도 않습니다. 특별히 좋아하는 종種도 없습니다. 새들보다 인간을 더 좋아하지도 않고 곤충보다 동물을 더 좋아하지도 않습니다. 나에게 모든 것은 단지 나의 표현이고 현현이고 연장일 뿐입니다. 그 모든 것이 나입니다.

촉진자: 이 자아의 마음과 당신은 어떤 관계인가요?

빅 마인드: 이 자아는 한계를 갖고 있습니다. 우리가 보통 마음이라 부르는 이 자아의 마음은 경계를, 한계를 가지고 있습니다. 이 자아는 우리가 자아라고 부르는 그것을 자신으로 여기기 때문에 한계를 가지게 됩니다. 자아란 하나의 관념이고 개념이고 생각입니다. 나의 관점에서는 자아란 단지 나의 현현이지만 그것은 한계를 지닌 현현입니다. 하지만 나는 그것을 심판하지는 않습니다. 그것은 그 자체로 절대적으로 완벽합니다.

촉진자: 그 자아의 마음, 그 작은 마음이 당신을 이해할 수 있을

까요? 당신을 파악할 수 있을까요?

빅 마인드: 그럴 수 없습니다. 그 작은 마음은 나를 이해할 수도 파악할 수도 없고 심지어 나의 존재를 알 수도 없습니다. 내가 그곳에 다다르려면 그 거품이 터져야만 합니다. 다시 말해 작은 마음으로 있을 때는 내가 분명히 보이지 않습니다. 나는 늘 거기에 있고 늘 현존하지만 그 마음 자체와 그 마음의 관점이 한정적이고, 따라서 나를 볼 수 있는 그 마음의 능력이 한정적이기 때문에 내가 분명히 보이지 않지요. 그것은 나를 잡을 수가 없습니다.

자아는 망상입니다. 그것은 나의 현현이어서 나에게 감사하고 삶이라 불리는 이 기적에 감사할 수 있습니다. 하지만 그것이 지닌 본성 때문에 자아는 자신에게 집착하여 전적으로 자기 보전에만 매달립니다. 그것은 마치 우리가 거품으로 둘러싸인 공기주머니를 만들어놓았는데 그 공기주머니가 자신을 단단하고 실재하는 무엇으로 보는 것과도 같습니다. 하지만 나에게 그것은 단지 공기주머니일 뿐입니다. 텅 비어 있습니다. 자아가 스스로를 그런 특정한 방식으로 바라보게 되면 자아는 이른바 존재의 문제로 매우 힘든 시간을 보내게 됩니다. 나의 관점에서 보면 그 모든 것은 단지 어리석은 해프닝에 불과합니다. 하지만 바로 그런 해프닝이 있기 때문에 나는 돌아서서 나 자신, 즉 빅 마인드에게 정말로 감사할 수 있습니다.

어떤 의미에서 나는 자아의 죽음입니다. 나는 그 한정적이고 제한적인 자아의 죽음입니다. 그 거품이 터질 때 바로 거기에 내가 있습니다. 나는 대양 같고 바다 같습니다. 자아가 가장 크게 두려워하는 것이 그 터짐입니다. 다른 말로 죽음이지요. 하지만 그것은 전혀 두려워할 것이 아닙니다. 자아가 육체적으로 죽을 때, 혹은 에고가 죽을 때도 나는 여여히 존재하니까요. 나는 태어나지 않으니 죽지도 않습니다. 나는 항상 여기에 있습니다. 온 세상이 폭발하여 사라져도 나는 여전히 여기에 있습니다. '나는 있습니다'(I AM). 그것이 나입니다.

촉진자: 빅 마인드인 당신도 두려워하는 것이 있습니까? 아니면 아무것도 두려워하지 않습니까?

빅 마인드: 나는 절대로, 아무것도 두려워하지 않습니다. 두려워할 것은 아무것도 없습니다. 두려워할 내 바깥의 무엇은 없습니다.

빅 하트

촉진자: 이제 빅 하트와 대화해도 되겠습니까?

빅 하트: 내가 빅 하트입니다.

촉진자: 당신은 빅 마인드와 같습니까? 다릅니까?

빅 하트: 빅 마인드처럼 나도 방대하고 무한하고 영원합니다. 나도 빅 마인드처럼 측량할 수 없습니다. 하지만 나는 느끼고 염려합니다. 나는 가슴입니다. 나는 모든 존재를 사랑하고 그들에게 자비심을 느낍니다.

빅 마인드는 단지 의식하고, 무심한 편입니다. 빅 마인드에게는 모든 것이 그 자체로 절대적으로 완벽합니다. 하지만 나는 분별을 합니다. 괴로움을 볼 때 나는 그 괴로움을 종식시키고 싶어합니다. 고통을 볼 때 고통을 경감시키고 싶어합니다. 불의를 보면 정의를 구현하고 싶어합니다. 누군가가 잔인한 범죄로 살해당하거나 불구가 될 때 나는 그에 대해 무슨 일이든 하고 싶어합니다.

나는 행동 그 자체입니다. 빅 마인드는 행동하지 않습니다. 빅 마인드는 그저 있습니다. 나는 뭔가를 하고 행동합니다. 나는 세상 모든 존재의 고통을 덜어주고자 하는 의지를 갖고 있습니다. 인도에서 나의 산스크리트어 이름은 아발로키테스바라 보디사트바 Avalokitesvara bodhisattva입니다. 중국어로는 콴인Kwan Yin이고 티벳어로는 첸레지Chenrezi입니다. 일본에서는 간제온Kanzeon이나 간논 Kannon이라고 불리지요.(모두 한국어로는 관세음觀世音과 관음觀音이다, 옮긴이) 나는 모든 존재에 무조건적인 사랑을 주고 그들의 고통을 덜어주기 위해 필요할 때마다 무엇으로든 현현하여 세상에 나타납니다.

여성적 자비

촉진자: 이제 당신의 여성적인 측면하고만 대화하고 싶습니다. 괜찮을까요?

여성적 자비: 제가 여성적 자비입니다. 저는 뭔가를 안고 어르며 기르고 싶습니다. 저는 다른 존재들과 잘 공감할 수 있습니다. 저는 그들의 고통을 저의 고통처럼 느낍니다. 저 자신과 타인 사이를 구분할 수도 있지만 그들의 고통은 곧 저의 고통입니다.

빅 마인드에는 아무런 구분이 없습니다. 저는 모든 존재와 저 자신을 동일시하지만 동시에 돕거나 섬기는 것으로 그 모든 존재들을 깨어나게 해야 한다고도 생각합니다. 저는 위대한 어머니입니다. 저는 위대한 치유자입니다. 상처 입은 자아를 전적으로 수용하고 포용할 수 있는 존재가 저입니다. 저는 그 상처 입은 자아가 그토록 찾아 왔던 존재로서, 그를 받아들이고 이해하고 위로합니다. 저는 그런 일을 할 수 있습니다. 이 자아와 모든 자아, 특히 고통받는 모든 자아를 무조건적으로 사랑하는 일은 저에게는 너무나 자연스러운 일입니다. 저는 그렇습니다.

남성적 자비

촉진자: 이제 양성의, 혹은 남성적인 자비와 대화하고 싶습니다. 괜찮겠습니까?

　남성적 자비: 나는 음양에서 양에 해당하는 자비입니다. 남성적인 자비이죠. 나는 해야 할 일을 알고 행동에 착수하는 존재입니다. 나는 필요하다면 한계와 경계도 정할 것입니다. 이 자아가 게으름을 피우거나 멍해 있으면 나는 그의 엉덩이를 걷어차 줄 겁니다. 나는 그를 올바른 방향으로 몰고 갈 겁니다. 그를 격려해주고, 필요하다면 그의 착각과 무지와 어리석음을 죽이기까지 할 겁니다. 나는 무자비한 자비입니다. 나는 강한 사랑을 합니다. 나는 결단력이 있습니다. 잘라야 할 때는 과감하게 깨끗이 잘라냅니다. 외과의사가 수술을 하듯이 말입니다. 나는 영감과 동기를 부여해주는 존재입니다.

통합적 자비

촉진자: 이제 여성적 자비와 남성적 자비가 통합된 자비와 대화할 수 있도록 허락해주시겠습니까?

음양의 자비: 나는 음양이 통합된 자비입니다. 혹은 빅 하트라고 불러도 좋습니다. 나는 음도 가지고 양도 가지고 있으며 이 둘은 협력해서 일합니다. 상황은 늘 변화하므로 나는 그때그때 필요한 측면을 사용합니다.

나는 언제나 자비로 가득하지만 아주 여성스럽게 부드럽게 보살피고 지지를 보내는가 하면 때로는 아주 남자답게 매정하게 결단을 내립니다. 나의 무기고에는 작전 성공을 위해 필요한 것들이 늘 준비되어 있습니다. 나는 전적으로 통합된(온전한) 상태입니다. 더 이상의 통합 따위는 필요 없습니다. 나는 통합된 음양의 자비입니다. 나의 다른 이름은 빅 하트입니다.

나는 빅 마인드를 지혜, 즉 차별하지 않는 지혜로 보고 빅 하트인 나는 자비로 봅니다. 내가 없는 지혜는 진정한 지혜가 아닙니다. 다른 말로 나 없이 지혜가 작동한다면 그것은 진정한 지혜가 아니라는 뜻입니다. 나의 양, 즉 나의 남성적인 면이 행동을 개시할 때는 내가 자비로 가득한 것처럼 보이지는 않을 겁니다. 무자비하게 보일 수도 있습니다. 거친 사랑으로 보일 수도 있고요. 하지만 내가 없다면, 즉 통합된 자비가 없다면 그것은 진짜 지혜가 아닙니다. 그 반대도 마찬가지입니다. 즉 빅 마인드가 없다면 자비도 없을 것입니다. 빅 마인드의 지혜가 없다면 진정한 자비도 없을 겁니다. 그러므로 우리는 전적으로 하나이면서 동시에 같은 것의 두 측면이라고 할 수 있습니다.

그러니까 음양을 상징하는 위의 그림을 보면 양은 빅 마인드이고 음은 나, 빅 하트 혹은 음양이 통합된 자비가 됩니다. 하지만 내 안에도 지혜가 있고, 저 하얀 점이 바로 그것입니다. 그리고 빅 마인드도 그 안에 자비를 갖고 있습니다. 검은 점이 그것입니다. 지혜가 자비를 포함하고, 자비가 지혜를 포함하면서 둘이 함께 흘러간다는 뜻이지요. 음양은 늘 함께 흘러갑니다. 그래서 경계가 곡선을 이루고 있는 것입니다.

빅 마인드와 빅 하트는 하나이지만 두 측면들입니다. 사실 중국과 일본에서는 우리를 일컫는 단어 ─ 심心 ─ 가 하나밖에 없습니다. 하지만 우리 서양의 영어권 세상에서는 구별을 하는 게 좋기도 하답니다. 그러면 음양이 통합된 자비, 즉 나 혹은 빅 하트는 저 태극 문양 중 음의 측면이고 빅 마인드는 양의 측면이라는 것이 분명해지니까요.

나는 지혜를 지니고 있기 때문에 지혜와 자비가 통합된 존재로서 말할 수 있습니다. 모든 존재의 완벽함과 완전함을 보는 위대한 지혜를 갖고 있으면서도 여전히 행동을 취해야 할 때를 분별할 수 있다는 뜻입니다. 덜어줘야 할 고통이나 불의가 발생할 때 나는 행동할 수 있습니다.

마스터

촉진자: 이제 마스터(주인)와 얘기하고 싶습니다. 괜찮겠습니까?

마스터: 내가 마스터입니다.

촉진자: 자신에 대해 말해주시겠습니까?

마스터: 나는 책임을 지는 존재입니다. 나는 CEO이며 배의 선장이며 오케스트라의 지휘자이며 재산의 소유권자입니다. 나는 보스이고 마스터입니다. 그 배나 회사 전체를 책임지는 목소리입니다. 모두가 나를 위해 일합니다. 나에게 실제로 방향을 제시해주는 빅 마인드와 빅 하트를 제외하면 모든 목소리들이 다 내가 고용한 직원들이라고 할 수 있습니다. 사실 내가 곧 빅 마인드이고 빅 하트입니다. 나는 그들의 현현입니다. 빅 마인드가 행동할 때는 항상 자비로써 행동합니다. 내가 그 행동입니다.

나는 모든 것을 책임집니다. 어떤 목소리가 자신의 역할과 임무를 모르고 무엇을 해야 하는지를 잘 모른다면 잘 알도록 도와주는 일이 내가 해야 할 일입니다. 어떤 목소리가 게으름을 피운다면 일의 동기를 마련해주는 것도 내 일입니다. 목소리들이 일을 지나치게 하면 속도를 늦추게 하여 적당히 쉬고 먹고 운동하게 하는 것이 내가 해야 할 일입니다. 내가 이 배의 선장이니 그 모든 일을 해야 합니다.

목소리들이 자신이 누구를 위해서 일하고 있는지를 잘 모를 때, 통제자와 보호자가 나를 위해 일하고 있음을 그들에게 분명히 일러주는 것이 내 책임입니다. 통제자와 보호자는 회사의 우두머리가 아닙니다. 통제자는 자신이 CEO라고 생각하지만 내가 그를 고용해서 통제하는 일을 시킨 겁니다. 내가 보스입니다.

촉진자: 당신이 이 자아의 보스인가요?

마스터: 나는 이 전체 회사의 보스입니다. 다른 사람들의 보스나 마스터는 아니지요. 나는 이 자아의 모든 다양한 목소리들로 구성된 이 전체 회사의 주인입니다.

나의 존재를 깨닫기 전까지는 그도 책임자가 누구인지를 몰랐습니다. 한 집안의 주인이 오랫동안 나가 있는 것과도 같았죠. 하인들의 우두머리인 통제자에게 모든 책임을 맡겨놓고 말입니다. 그렇게 한참이 지나자 통제자는 그 집이 자신의 집이라고 믿고 그 자신이 마스터라고 생각하기 시작했어요. 하지만 그는 주인이 아닙니다. 물론 통제자를 자신의 자리로 돌려보내는 일은 돌아왔을 때 내가 해야 했던 일이죠.

자유자재한 온전한 인간 존재

촉진자: 인간이 되기를 의식적으로 선택하는 존재와 대화할 수 있을까요? 저는 그 목소리를 자유자재한 온전한 인간 존재라고 부르겠습니다.

자유자재한 온전한 인간 존재: 네, 내가 자유자재한 온전한 인간 존재입니다.

촉진자: 본인에 대해 말씀해주시기 바랍니다.

자유자재한 온전한 인간 존재: 자유자재한 온전한 인간 존재로서 나는 진심으로 내가 현재의 나 ― 한 인간 ― 를 선택하고 있다고 느낍니다. 그 말은 내가 한 인간 존재로서 괴로움과 고통을 느낀다는 뜻입니다. 나는 슬픔, 비통함, 기쁨, 행복, 충만, 감사 등 모든 종류의 감정을 느낍니다. 그리고 괴로워하기도 합니다. 전에는 내가 하나의 인간이라는 사실을 진심으로 받아들이지 않았습니다. 저항하고 있었던 것 같습니다. 이건 어쩐지 내가 선택한 일이 아니라고 느끼며 부인하기까지도 했습니다. 그래서 나는 나의 상황과 나의 괴로움을 두고 다른 사람들과 다른 것들을 탓했습니다.

하지만 인간이 되기를 의도적으로 선택함으로써 나는 나와 나의 정체성을 그저 받아들일 수 있고 괴로움이 있을 때 괴로움을 받아들이고 고통이 있을 때 고통을 받아들일 수 있음을 느낍니다. 나는 슬픔이나 비통함을 포용할 수 있습니다. 슬퍼해야 할 때는 그냥 슬퍼합니다. 행복해야 할 때는 그냥 행복해합니다. 기쁨을 느낄 때면 그냥 기쁨을 느낍니다. 이 모두가 너무나 단순하고, 이보다 더 완벽할 수가 없습니다. 무슨 상황이 어떻게 벌어지든 전적으로 그 상황과 하나가 되는 것이 나의 기능인 것 같습니다.

다시 말해서 나는 상황에 응답합니다. 그리고 상황이 끊임없이 변화해간다는 것을 압니다. 나의 역할도 계속 변해갑니다. 주어진 상황 속의 내 자리 말입니다. 그러므로 나는 있는 그대로의 내가 바로 나라고 보고, 거기엔 아무런 문제가 없습니다. 반응해야 할 때라면 그저 반응합니다. 반응하지 않아야 할 때라면 아무것도 하지 않습니다. 나는 그것을 자유자재로 합니다. 나는 온전하기 때문에 다른 무엇도 필요하지 않습니다. 나는 이미 전적으로 온전합니다. 나타나고 드러나는 것들은 시간이 흐름에 따라 무엇이든 모두 매우 자연스러운 과정 속에서 통합됩니다. 그 모두가 아주 유기적입니다.

나는 의식적으로 인간이 되기를 선택했기 때문에 자신을 희생자처럼 느끼지 않습니다. 나는 내 몸, 내 삶, 내 한계의 희생자가 아닙니다. 나의 무한한 잠재력과 내가 유한하다는 사실을 양쪽 다 포용할 수 있는 느낌입니다. 내가 위대한 피아니스트가 될 일은 결코 없을 것입니다. 파도타기의 명수가 될 일도 없을 겁니다. 비행기를 조종할 일도 아마도 없을 것 같습니다. 내가 그것들을 배울 수 없어서가 아니라 그것들에 대한 나의 관심이 충분하지 않기 때문입니다. 그럼에도 나는 내가 현재의 나로 살기를 전적으로 자유롭게 선택한다고 느낍니다. 그리고 그것이야말로 진정한 해탈입니다.

나는 이 자아가 온 세상의 고통과 함께하겠노라고 의식적으로 선택하던 그 순간에 나타났습니다. 쉽지는 않은 일이었지만요. 나는 온전하며, 매 순간 끊임없이 온전해지고 있습니다. 나는 자유자재하며, 나의 행동이 곧 그 결과이니 행동하고 결과를 기다릴 필요도 없습니다. 나의 기능은 마음의 작용을 거칠 필요가 없습니다. 나는 모든 것과 하나입니다.

그렇다고 내가 인과의 법칙을 무시하는 것은 아닙니다. 나는 제멋대로 행동하지 않고, 그렇다고 규칙과 규정을 맹목적으로 따르지도 않습니다. 나는 의식적 존재들을 깨닫게 하고 전 지구의 의식수준을 높이는 일에 내 일생을 걸었습니다.

촉진자: 듣고 보니 당신도 빅 마인드와 빅 하트가 합쳐진 것 같습니다. 당신도 이원성과 비이원성을 포용합니까?

자유자재한 온전한 인간 존재: 나는 이 자아의 모든 측면들, 모든 이원적인 목소리들과 빅 마인드, 비이원성, 무아를 포함합니다. 그리고 그것들을 초월합니다. 나는 마스터 혹은 유일무이한 자아(Unique Self)라고도 합니다. 나는 절대적으로 유일무이합니다. 세상에 나와 똑같은 존재는 없습니다. 나는 애초부터 특별하고 독특하기 때문에 무엇을 입증할 필요도 특별할 필요도 없습니다.

나는 천성 그대로의 자아 혹은 평상심이라고도 합니다. 나는 젠 체할 필요도 허세를 부릴 필요도 없습니다. 나는 자연 그대로이고 잘난 체하지 않습니다. 나는 무조건 기쁩니다. 나의 행복은 조건이나 상황과 상관이 없습니다. 나는 어떤 느낌 혹은 감정이 떠오르든 그것과 하나가 됩니다. 나는 크나큰 환희의 마음입니다. 그리고 깊은 감탄과 감사의 마음입니다.

나는 모든 생명과 모든 사물에 무조건적으로 감탄하고 감사합니다. 하지만 상황과 형편에 따라 부적당한 행동과 적당한 행동, 옳고 그른 것을 구분할 힘을 갖고 있습니다. 이 말은 내가 모든 상황에 네 가지 변수에 따라 반응한다는 말도 됩니다. — 나의 위치, 때, 장소, 중요도(amount)가 그 변수들입니다. 상황은 늘 유동하고 나는 유동하는 상황에 맞게 적절히 행동합니다. 나는 빅 마인드의 지혜와 관점을 가진 상대적인 자아로서 문제에 직면하고, 삶의 흥망을 경험합니다. 나는 진정한 초월자입니다.

크나큰 환희

촉진자: 크나큰 환희의 목소리와 대화할 수 있을까요?

크나큰 환희: 내가 크나큰 환희입니다.

촉진자: 자신에 대해 말씀해주시기 바랍니다.

크나큰 환희: 나는 무조건적으로 기뻐합니다. 나는 삶을 사랑합

니다. 나는 삶의 모든 것을 사랑합니다. 나는 이 자아의 영혼 전체를 고양시킵니다. 그가 나와 접촉하는 것이 너무도 쉽다는 것은 매우 멋진 일입니다. 나는 늘 여기에 있으니까요. 예전에는 그도 내가 늘 거기에 있다는 것을 깨닫지 못했던 것 같지만요.

그가 아무리 온갖 종류의 감정과 느낌과 생각에 사로잡혀도 나는 늘 그의 곁에 있어요. 그가 살짝 전환하기만 하면 나는 나타나지요. 나는 기쁨과 충만감과 흥분과 행복과 장난기로 가득합니다. 삶은 경이롭습니다. 괴로움과 고통도 있다는 것을 알지만 그 때문에 내가 영향을 받지는 않습니다. 나는 상황에 휘둘리지 않아요. 나는 그냥 무조건적으로 크나큰 환희를 느낍니다.

촉진자: 크나큰 환희로서 당신은 괴로움을 어떻게 봅니까?

크나큰 환희: 괴로움을 무시하지는 않아요. 단지 그것을 있는 그것의 현재 모습으로만 볼 뿐이에요. 그것은 현재 그냥 그런 것이고, 나는 그런 사실을 포함 혹은 포용할 수 있어요. 이상하게 들릴 수도 있지만, 마치 괴로움이 이 광활한 창공 속에 있는데 내가 바로 그 광활한 창공인 것과도 비슷합니다. 나는 괴로움이 있음을 부인하지 않고 그 괴로움을 숨기지도 않습니다. 그것을 무시하려거나 피하려고 하지도 않습니다. 나는 그 괴로움을 경험하면서 동시에 그것보다 커질 수 있습니다.

나는 하나로 통합된 빅 마인드와 빅 하트 같은 것입니다. 한편으로 나는 모든 것이 전적으로 완벽하고 완전하고 온전하고 공空함을 봅니다. 그리고 또 다른 한편으로는 괴로움을 오롯이 느끼지만 그것을 넘어섭니다. 하나의 삼각형에서 빅 마인드가 왼쪽 꼭짓점이고 빅 하트가 오른쪽 꼭짓점이라면 나는 그 꼭대기의 꼭짓점이라고 볼 수 있을 것 같습니다. 나는 기뻐합니다. 나는 있는 그대로의 것에, 삶에 기뻐합니다. 그리고 괴로움의 한가운데에서조차 나는 기뻐할 수 있습니다. 이상하지요.

그가 나를 만날 때 나는 그에게 많은 기쁨을 가져다줍니다. 내가 없으면 그에게는 기쁨이 없습니다. 그가 나의 존재를 모를 때는 안타깝지요.

크나큰 감탄과 감사

촉진자: 좋습니다. 이제 다른 목소리와 대화해도 괜찮겠습니까?

크나큰 환희: 물론이죠. 그렇게 하세요.

촉진자: 크나큰 감탄과 감사의 목소리와 대화하고 싶습니다.

크나큰 감탄과 감사: 크나큰 감탄과 감사의 목소리 여기 있습니다, 선생님!

촉진자: 자신에 대해 말해주시기 바랍니다.

크나큰 감탄과 감사: 네, 저는 이 삶, 이 세상, 이 우주, 그의 가족, 그의 아이들, 그의 아내, 그의 선생들, 그의 친구들, 그의 친척들, 그리고 모든 인간 존재에 대한 감탄과 감사로 가득합니다. 저는 먼저 살다 간 그의 조상들에게도 깊이 감사합니다. 사물의 있는 그대로에 감탄하고 감사합니다. 나는 감탄과 감사로 넘쳐납니다.

촉진자: 당신이 감사하지 않는 것도 있나요?

크나큰 감탄과 감사: 그럼 제가 아니겠죠. 저는 모든 것에 감사합니다. 그는 그렇지 않죠. 그가 감사하지 않는 것들이 분명히 있습니

다. 그에게 물어보세요. 하지만 저는 모든 것에 감사합니다. 심지어 힘들고 어려울 때조차 감사합니다. 아니, 힘들고 이려울 때 특히 더 감사하는 것 같습니다. 그런 시기를 겪어내면서 그가 성장하고 다른 사람들도 성장하는 것을 지켜보기 때문이죠. 때로는 힘든 시기가 절대적으로 필요한 것 같아요. 그래서 저는 그런 시기도 높이 평가합니다. 저는 필요한 것을 얻는 그의 능력에도 감탄합니다. 그는 원하는 것을 늘 얻지는 못하지만 얻을 수 있는 것을 원하는 능력은 갖고 있는 것 같습니다.

멋진 일이죠. 원하는 것을 얻으려고 애쓰기보다 얻을 수 있는 것을 원하는 것, 그 비밀 말입니다. 원하는 것을 얻으려 애쓰는 일은 결코 끝나지 않는 싸움이고 늘 지기만 하는 싸움인 것 같으니까요. 그런데 우리는 자신이 필요로 하는 것은 늘 얻게 되는 것 같아요. 그러니까 우리가 얻을 수 있는 것을 원할 때 그것은 정말이지 우리에게 필요한 것을 원하는 것과 같은 것이지요.

그것은 마치 정크 푸드가 아닌 건강한 음식을 먹는 것과 같아요. 정크 푸드를 먹을 때 순간적인 쾌락은 느끼지만 결국 그다지 행복해지진 않거든요. 자신에게 좋지 않다는 것을 아니까요. 살도 찌고 치아도 썩고 말이에요. 그런 음식은 건강에 좋지 않아요. 좋은 음식을 먹을 때 결국 그는 더 행복해져요.

그러므로 성장하고 확장해가서 자신을 극복하기 위해 그가 필요로 하는 경험을 높이 평가하는 것은 좋은 일이에요. 그는 그런 경험 속에서 큰 기쁨을 느끼고 감탄하고 감사할 수 있어요. 내가 보는 것은 그래요.

촉진자: 그가 젊었을 때 당신은 어땠나요?

크나큰 감탄과 감사: 아! 네, 우리 사이는 지금이 훨씬 더 가까워요. 그 최초의 깨어남을 경험하기 전에도 그가 늘 감탄하고 감사했던 것은 결코 아니거든요. 그가 감사해하는 것들이나 사람들은 물론 있었지만 거기에는 많은 조건이 따라붙었지요. 수구 경기나 수영대회 같은 데서 이겼을 때 그는 행복해했어요. 만약에 지면 그보다 불행해할 수가 없었고요. 성적이 좋으면 행복했고 좋지 않으면 정말 화난 사람처럼 보였죠. 모든 것이 너무나 조건적이었어요.

모든 것이 덧없이 변해가지만, 이제 그는 한 시간 속의 더 많은 분 동안, 하루 중 더 많은 시간 동안, 한 주 중 더 많은 날 동안, 한 달 중 더 많은 주 동안 기뻐하고 감사하고 감탄합니다.

촉진자: 원하는 것을 더 얻는 일과는 상관없이 말이죠? 얻을 수 있는 것을 더 즐기게 되었을 테니까요.

크나큰 감탄과 감사: 바로 그렇습니다. 얻을 수 있는 것을 원하고 즐기는 것이요. 이제 그는 드러나는 모습 그 모두가 실재이고 가르침임을 알아요. 그러니까 그는 그것들에서 배울 수도 있고 무시하거나 부인할 수도 있어요. 그것들을 무시하거나 부인할 때는 충만함을 느낄 수가 없죠. 모든 일, 모든 사람으로부터 배울 때 — 모든 것이 하나의 가르침이 되고 모든 사람이 스승이 될 때 나는 그의 인생에 대한 크나큰 감탄과 감사로서 더욱 확연히 존재하는 것 같아요.

위대한 바보, 위대한 조커Joker

촉진자: 위대한 바보, 위대한 조커와 얘기하고 싶습니다.

위대한 바보: 내가 위대한 바보이고 위대한 조커입니다. 나의 어리석음 혹은 나의 존재는 많은 사람이 바보로 생각하는 그런 것이 아닙니다. 나는 초월자입니다. 나는 자아의 자유를 구현하고 그 자아 너머의 것도 구현하고 나아가 그런 구현조차도 초월합니다. 그러므로 나를 묘사하는 다른 이름은 진정한 초월자 혹은 빅 하트 혹은 자유자재한 온전한 인간 존재입니다. 나는 그 수준에 있습니다.

나를 위대한 바보라고 불러도 됩니다. 왜냐하면 나는 너무나 자유롭고, 자의식이 아닌 무아의식이 강해서 바보처럼 보이는 짓들을 할 것이기 때문입니다. 한 벌 카드 속의 조커처럼 나는 에이스로부터 듀스, 킹, 퀸까지 무슨 카드든지 될 수 있습니다. 위대한 바보는 그러니까 말하자면 한 벌 카드 속의 그 어떤 카드도 될 수 있는 능력을 갖고 있습니다. 나는 그 만능패, 조커입니다. 나는 조커, 위대한 바보, 만능패라는 이름을 돌아가면서 자유롭게 씁니다. 나는 그 어떤 목소리도 구현할 수 있는 능력을 갖고 있습니다.

내 안에는 대단한 힘이 들어 있어서 사람들은 자연히 속으로 나를 두려워합니다. 나는 사람들이 두려워하게 되는 것들 중의 하나입니다. 예를 들어 주정뱅이나 정신이상자 같은 사람들처럼 예측이 불가능하기 때문입니다. 아이들도 예측할 수가 없어서 사람들을 놀라게 하죠. 선사禪師들도 그렇습니다!

나는 어느 순간 다른 것이 되어버리는데, 그런 일은 사람들을 겁먹게 합니다. 사실은 자유나 해탈이 사람들을 겁먹게 만들기 때문이지요. 과거 1986년 폴란드에서 이 자아가 한참 안거 수행을 이끌 때 한번은 참가자들에게 이렇게 말했죠. "일정표 같은 것은 없습니다. 여러분 원하는 대로 하실 수 있습니다. 자유를 드리겠습니다. 여기서 일주일간 머무르실 텐데 원하는 만큼 참선하시고 원하는 일은 뭐든지 하면서 즐기시기 바랍니다. 마음대로 하십시오." 그러자 사람들이 질겁했지요. 정말 공포에 떨 정도였어요.

얼마 있다가 결국 그들은 그에게 사정했지요. 체계와 규칙과 규제할 것들을 달라고요. 자신들이 무엇을 해야 할지를 말해달라고요. 그는 말했어요. "우리는 여기 폴란드에 있습니다. 여러분은 자유를 위해 싸우고 있고요. 이 안거 수행기간 동안에 그 자유를 제가 여러분께 드리는 겁니다. 우리는 여기 이 외딴 강가에서, 모든 문명에서 벗어나 완전히 자유로운 상태에 있는 겁니다." 하지만 그들은 여전히 질겁했어요. 그들은 자유를 원했지만 바로 그 자유를 가장 두려워했지요.

그 말은 삶에서 우리가 가장 원하는 그것이 가장 큰 두려움의 대상이라는 뜻도 되지요. 그래서 그것을 얻기가 그렇게 힘든 것입니다. 그러니까 우리는 나, 이 조커, 이 위대한 바보처럼 자유로워지고 싶어하지만 그 자유를 두려워합니다. 우리는 바보처럼 보이는 걸 두려워합니다. 우리는 다른 사람들이 우리를 어떻게 보는지, 자신의 이미지, 자신의 겉모습을 끊임없이 염려하고, 그처럼 염려하지 않게 될 상황을 두려워합니다. 그래서 우리가 그토록 두꺼운 허울 아래에 숨어 살고 있는 것입니다. 우리는 사람들이 진실을 ― 우리가 위대한 바보, 조커라는 사실을 알게 될까봐 두려운 겁니다. 우리는 모두가 그런 바보들입니다.

6

트라이앵글:
이원성과 비이원성을 포용하고
그 너머로 나아가기

처음으로 자아를 넘어서는 경험을 하게 되면 우리의 에고는 그 초월적인 경험을 자신의 사유물로 만드는 경향을 보이고, 그러면 그 '절대'라 불리는 것에 쉬 집착하여 매달리게 된다. 이것은 수천 년 동안 반복된 일이어서 스승들은 제자들에게 늘 그 단계를 지나 상대적 관점, 다른 말로 우리의 이원적 자아도 포용하는 지점으로 돌아올 것을 부추기고, 심지어는 강요하기까지 해왔다.

예로부터 선사들이 제자들에게 절대의 상태를 재빨리 통과할 것을 권장해온 이유는 절대의 상태에 있을 때는 절대의 상태에 있는 것의 위험을 스스로 깨닫지 못하기 때문이다. 절대의 상태 속에 있으면 우리는 인과의 법칙을 무시하게 되기 쉽다. 그리고 거기에는 대개 경계란 것 자체가 설정이 안 되어 있다. 절대의 경험 자체가 경계와 한계를 넘어서기 때문이다. 하지만 우리는 그러한 사실을 그 절대의 상태로 가기 전, 혹은 그 상태를 놓아 보낸 후인 일상적 상태 혹은 평소의 이원적 마음에 머물 때에만 볼 수 있다. 거기에 갇혀 있을 때 ― 나 자신도 거기에 최소한 8년을 갇혀 있었지만 ― 우리는 그 문제를 깨닫지 못한다.

그러므로 거기에 머물러 있지 않는 것이 정말 중요하다. 내가 이 책을 쓴 이유도 많은 부분 사람들이 초월상태로 들어가고 그 상태조차 초월한 후 그 상태를 포용하고, 나아가 이원적인 관점과 비이원적인 관점 양쪽 모두에 집착하지 않도록 도울 수 있기를 바랐기 때문이다.

이제 내가 여기서 당신과 공유하려는 것은 오랫동안 진화를 거듭하다가 아주 최근에야 완성된 것이다. 이것은 건강한, 모든 측면에서 건강한 수행이란 과연 어떤 것인지를 좀더 정확하게 알고 이해하기 위해서 서양의 우리가 만들어낸 하나의 방식이라 할 수 있다.

진정한 자아
이원성과 비이원성을 양쪽 다 포함하고 초월한다

이원적인 자아 혹은 작은 자아   비이원적인 자아, 빅 마인드

나는 하나의 그림으로 많은 것을 설명해주는 다이어그램을 하나 찾아냈다. 결가부좌 하고 있는 사람을 품은 이 다이어그램을 보면 오른쪽 무릎은 지금까지 우리와 대화해온 이런저런 목소리들과 이 책에서 건드리지 못한 다른 목소리들을 포함하는 이원적인 자아 혹은 작은 자아라고 부를 수 있는 것들을 상징한다. 다음 왼쪽 무릎은 절대라고도 불리는 초월자 혹은 빅 마인드의 공간이다. 다음, 삼각형의

꼭대기, 혹은 앉아 있는 이 사람의 머리 쪽을 이원적이고 비이원적인 것 둘 다를 포함하고 둘 다를 초월하는 곳으로 보면 ― 이원성과 비이원성을 포용한 다음 그 너머로 나아가는 것 ― 우리는 지금 우리의 목표가 오른쪽 무릎과 왼쪽 무릎 모두를 포용하는 것임을 알 수 있다. 그것은 사실 인간 존재 전체를 포용하는 것이다. 그 결과 우리 각자의 모든 측면들은 외면당하지 않고 포용되고 초월될 것이고, 그때 우리는 온전히 통합된 인간 존재, 마스터, 음양이 통합된 자비 혹은 빅 하트-마인드로서 어느 한 목소리나 관점에 특별히 집착하지 않게 될 것이다.

모든 것은 매 순간 변화한다. 매 순간, 우리는 그 모든 것이다. 이제부터 우리가 어디에다 자신의 주의를 집중하는지 살펴보자. 우리는 몸의 어느 부분에 집중하는가? 특히 몸이 아플 때 말이다. 배가 아프다면 당신은 어디에 주의를 집중하는가? 주로 어디가 아픈가? 아픈 것은 작은 자아이다. 빅 마인드는 다치지 않는다. 빅 마인드는 고통과 괴로움을 넘어서 있다. 그렇다면 당신이 대부분의 시간 집중하는 곳은 어디겠는가? 당신은 자아에 집중한다.

자아가 아니라 그 모든 것으로서 살기 위해 당신은 무엇을 해야 할까? 분명히 말하건대, 아무것도 하지 말아야 한다. 수행은 절대적으로 불필요하다. 그 아무것도 하지 말아야 한다는 사실을 더 잘 이해하고 인정하고 싶어서 수행을 시작할 수는 있다. 그게 전부다. 당신은 언제나 그 모든 것들을 포함하고 있는 온전한 존재다. 당신은 그 모든 것으로서 이 책을 읽기 시작했고, 이 책을 내려놓을 때도 당신은 여전히 그 모든 것일 것이다. 단지 그것을 좀더 깊이 받아들이고 감사하게 될 테지만. 당신이 그 온전한 존재가 아닌 다른 존재가 될 수는 없다. 당신은 항상 저 삼각형의 꼭대기에 있다. 당신은 언제나 미몽에 싸여 있고, 또 언제나 깨어 있다. 이제 목소리들을 통해 이 삼각형을 좀더 자세히 탐구해보자.

자아

촉진자: 이제 자아와 대화하고 싶습니다. 그래도 될까요?

자아: 네, 내가 자아입니다.

촉진자: 자신에 대해 말씀해주시겠습니까?

자아: 좋습니다. 나는 자아입니다. 나는 이 몸과 이 마음입니다. 나는 나의 생각이고 나의 관념들이고 믿음들이고 개념들입니다. 나는 내가 나라고 부르는 그 모든 것입니다. 이 삶에서 기본적으로 중요한 나의 목적은 물론 나 자신으로 살아남는 것입니다. 저 바깥세상은 무서운 곳입니다. 나는 늘 나 자신을 파괴와 손상의 위험을 안고 있는 상처 입기 쉬운 존재로 여깁니다.

뭘 더 말할 수 있을까요? 나는 나입니다. 나는 내 아내의 남편이고 두 아이의 아버지입니다. 나는 가르치는 사람이고 1944년 6월 3일에 태어났습니다. 인생에서 나름 흥망도 겪고 시련도 겪었습니다. 어려웠던 시절도, 좋았던 시절도, 아름다웠던 시절도, 끔찍했던 시절도 있었지요. 내 강아지 티비를 포함해 사랑하던 이들의 죽음도 겪으며 많이 슬퍼하기도 했고요. 나는 큰 기쁨과 큰 고통을 모두 경험했습니다. 나는 키가 180센티미터이고 몸무게는 86킬로그램입니다. 나에 대해 뭘 더 알고 싶은가요?

촉진자: 당신도 필요한 것이나 원하는 것이 있나요?

자아: 물론이죠. 나는 적절한 음식, 적절한 운동, 숨 쉴 수 있는 깨끗한 공기가 필요합니다. 나는 파란 하늘과 하얀 구름을 사랑합니다. 물가를 좋아합니다. 때로는 아름다운 것을 갈망합니다. 행복하고 싶고 충만하고 싶습니다.

무아

촉진자: 이제 무아와 대화할 수 있도록 허락해주시면 좋겠습니다. 무아가 무슨 뜻인지 모르시더라도 그냥 제가 그와 얘기할 것을 허락해주시겠습니까? 부탁입니다. 우리가 당신이 누구인지 알아보겠습니다.

무아: 내가 무아입니다.

촉진자: 자신에 대해 말씀해주시겠습니까? 당신은 누구십니까? 아니, 무아시니까 누가 아니시냐고 물어야 더 정확할까요?

무아: 글쎄요, 나는 자아가 아닙니다. 나는 그 자아의 몸도 마음도 생각도 개념도 감각도 이론도 관념도 견해도 명분도 아닙니다. 나는 그 자아의 목표도 합리화도 믿음도 아닙니다. 그 자아의 전체 신념체계도 나는 아닙니다. 나는 그의 살도, 피부도, 피도, 뼈도, 내장기관 등등도 아닙니다.

촉진자: 그럼 당신은 무엇입니까?

무아: 나는 모든 것입니다. 나는 모든 시공간이고 모든 존재입니다. 나는 자아도 포함하지만 자아에 나를 한정하지 않습니다. 나는

그 어떤 시작도 끝도 태어남도 죽음도 없는 존재입니다. 나는 태어나지도 않고 죽지도 않습니다. 사실 나와 빅 마인드 사이에 무슨 차이점이 있는지 모르겠습니다. ― 내가 빅 마인드입니다. 나는 도입니다. 나는 텅 비어 있는 저 광활한 하늘이고 그 하늘에 떠 있는 구름이고 나무들이고 새들이고 모든 것입니다. 나는 자아가 지닌 욕망과 갈구와 소원과 바람을 볼 수 있습니다. 자아는 특정한 형체, 몸, 키, 몸무게에 제한되고 한정됩니다. 나는 아무런 제한도 한정도 받지 않습니다. 나는 자아를 넘어서지만 자아를 포용합니다.

유일무이한 자아
평상심이 곧 도다

자아, 평상심   무아, 도

촉진자: 이제 저는 제3의 목소리와 대화해보고 싶습니다. 위의 다이어그램과 같은 삼각형을 생각해보시기 바랍니다. 삼각형 왼쪽에 자아가 있고 오른쪽에 무아가 있지요. 이제 그 자아와 무아를 모두 포함하고 포용하는 그것과 대화를 나눠보고 싶습니다.

자아와 무아가 두 개의 의자 위에 나란히 앉아 있는 모습을 생각해보는 것도 도움이 될 겁니다. 저는 이제 그 두 의자 뒤쪽 위, 즉 삼각형의 꼭대기에 있는 존재와 대화하고 싶습니다. 그 존재, 그러니까 당신은 자아와 무아를 모두 포함하고 또 초월하는 존재입니다. 저는 그 존재를 유일무이한 자아라고 부르겠습니다. 그 유일무이한 자아와 대화하고 싶습니다. 허락해주면 감사하겠습니다. 부탁입니다.

유일무이한 자아(자아와 무아 너머)

촉진자: 좋습니다. 당신은 누구입니까?

유일무이한 자아: 나는 유일무이한 자아입니다.

촉진자: 유일무이한 자아로 산다는 것은 어떤 것인지 말씀해주시기 바랍니다.

유일무이한 자아: 유일무이한 자아인 나는 내가 절대적으로 유일무이함을 봅니다. 여기서 중요한 것은 '절대적'이라는 것입니다.

나 같은 존재는 없고 나는 자아와 무아를 둘 다 포용합니다.

문득 나인 그것이 그 자체로 대단하다는 생각이 드는군요. 나는 도이고, 그 도의 현현입니다. 나는 창조자이자 그 창조물입니다. 나는 있는 그대로 절대적으로 완벽하지만 그럼에도 많은 일을 해야 합니다. 이를테면 끝이 없는 전개과정 같은 것인데, 그럼에도 불구하고 나는 나 자신으로 살 수 있어서 기쁨과 행복으로 가득합니다. 특별한 갈등 같은 건 없어 보이지만 그런 것이 있다고 해도 나는 그것을 포용합니다. 나는 나의 고통, 괴로움과 하나이지만 여전히 그 괴로움을 덜기 위해 열심히 일합니다. 그저 있는 그대로의 나 자신으로서 산다는 것만큼 멋진 일은 없습니다. 나는 다른 누군가가 될 필요도, 다른 무엇이 될 필요도 없습니다.

나는 이원적인 관점에도 비이원적인 관점에도 집착하지 않습니다. 나는 내가 한계를 갖고 있는 동시에 무한하다는 것을 알 정도로 지혜롭고 성숙합니다. 나는 어떤 특정한 관점만을 갖고 있지 않습니다. 나는 모든 관점이고, 언제라도 특정한 관점을 가질 수 있습니다. 나는 이원적인 자아와 비이원적인 자아 양쪽 모두가 각자 그것 자체만으로는 부분적이고 불완전함을 압니다. 오직 상대방과 함께할 때만 그 각자는 완전해집니다.

과거엔 나도 다른 많은 수행자들처럼 절대와 무아의 입장에 집착했었습니다. ― 자아보다는 무아를, 상대성보다는 절대성을, 괴로움보다는 괴로움이 없는 상태를 선호하면서 말입니다. 하지만 나는 이제 이원성과 비이원성 양쪽을 둘 다 포용합니다. 나는 절대적으로 자연스러운 상태의 마음이고 자연스러운 상태의 존재입니다. 나는 둘이 아닌 것도 포용하고 하나가 아닌 것도 포용하며 상황에 따라 그 사이를 왔다 갔다 합니다.

나는 깨달음을 추구하지 않고 미몽을 깨우치려 하지도 않습니다. 미몽의 상태보다 깨달은 상태를 더 선호할 이유도 없습니다. 이원적으로 사는 것, 좋습니다. 비이원적으로 사는 것도 좋습니다. 아무것도 선호하지 않는 것, 그것이 완벽한 도입니다. 그리고 선호하는 것이 있는 것도 좋습니다. 나는 바닐라 아이스크림보다 초콜릿 아이스크림을, 흰 빵보다 갈색 빵을 좋아합니다. 나는 선호하기를 선호하지도, 선호하지 않기를 선호하지도 않습니다.

자아란 우리가 평상심 혹은 일상적인 마음이라 일컫는 것입니다. 무아는 '도'라고도 부를 수 있습니다. 유일무이한 자아로서 나는 평상심과 도, 모두를 포함합니다. 그래서 "평상심이 곧 도"라는 말이 있는 것입니다. 선을 수행하는 사람들이 그렇게 말할 때 그 의미는 그들이 평상심과 도를 모두 포함하고 또 초월한다는 뜻입니다.

운전을 할 때와 비슷합니다. 나는 앞뒤의 차들을 인지하고 교통의 흐름도 인지합니다. 내 차 안에 있는 사람들과 대화도 계속할 수 있습니다. 유일무이한 자아인 나는 자아의 목소리 안에만 갇힌 채 생각하고 존재하지 않습니다. 반대로 절대의 관점 안에만 갇혀 있지도 않습니다. 모든 것을 파노라마처럼 알아차리면서 동시에 눈앞에 있는 일에 집중할 수 있는 것이지요. 평상심이 곧 도라는 말의 뜻이 이것입니다.

촉진자: 모든 말씀에 정말 감사합니다. 괜찮으시다면 제 일을 계속 해나가겠습니다.

두려움

촉진자: 이제 두려움과 얘기하고 싶습니다.

두려움: 네, 제가 두려움입니다.

촉진자: 당신이 두려워하는 것이 무엇인지 말씀해주세요.

두려움: 나는 이 자아를 보호해야 합니다. 바깥세상을 바라보면 거기엔 타자들밖에 없지요. 그래서 나는 그 모든 ― 무수한 ― 타자들이 나를 해치고 파멸시킬 것 같아서 불안해합니다. 그들은 바로 이 몸을 해칠 수도 있고 나의 생각, 믿음, 나의 이해방식에도 해를 가할 수 있습니다. 저 밖에 있는 것들은 모두가 위험성이 있어서 나를 다치게 하고 파괴할 수 있습니다.

나는 변화를 두려워하고 변하지 않는 것도 두려워합니다. 나는 죽는 것을 두려워하고, 솔직히 말하자면 사는 것도 두렵습니다. 나는 죽을 때 괴롭고 고통스러울까봐 두렵습니다. 나는 죽음 이후에 벌어질 일도 두렵고 죽음 뒤에 아무 일도 벌어지지 않을까봐서도 두렵습니다. 혼자가 되는 것도 두렵고 관계를 맺는 것도 두렵습니다. 솔직히 나는 두려움 그 자체입니다.

촉진자: '겁 없음'과 대화하고 싶습니다.

겁 없음

겁 없음: 내가 '겁 없음'입니다.

촉진자: 당신은 왜 두려워하지 않지요? 당신은 어째서 '겁 없음'

이 되었나요?

겁 없음: 자아가 없으니까요. 자아가 없을 때 빅 마인드가 나타나죠. 그러면 모든 것이 내가 되니까 두려울 이유가 없어요. 자아와 타자 사이, 주관과 객관 사이의 분리가 있을 때만 위협도 느끼고 두려움도 느끼는 겁니다. 하지만 겁 없음인 나에게는 두려울 것이 아무것도 없습니다. 그 무엇도 어떤 방식으로든 나를 해치고 파괴하고 상처줄 수 없고, 내가 곧 모든 것이니 아무것도 잃을 수 없기 때문이죠.

이 자아가 두려움을 느끼는 것은 많은 경우 기본적으로 자아를 잃어버릴 수 있고 자아가 죽거나 살해당하거나 상처를 받을 수 있기 때문입니다. 자아는 자신이 소유하거나 갖고 있는 것을 잃어버릴 수 있습니다. 나는 갖고 있는 것이 아무것도 없으니 잃을 것도 없습니다. 나는 아무것도 아니니 더 나빠질 수도 없습니다. 나는 이미 제로 상태, 아무것도 없는 상태입니다. 그러므로 아무것도 전혀 두렵지 않습니다. 나는 질병, 상해, 상실 같은 것에 아무런 영향도 받지 않으며 흔들리지도 않습니다. 그런 것들은 모두 자아, 몸, 마음의 영역 안에 있는 것들입니다. 나는 그 영역 너머에 있습니다. 그 영역을 초월합니다.

촉진자: 이제 두려움과 겁 없음을 포함 혹은 포용한 후 그 너머로 나아가는 목소리와 얘기하고 싶습니다. 그 목소리를 '진정한 자아'라고 부릅시다.

진정한 자아 ('두려움'과 '겁 없음' 너머)

진정한 자아: 좋습니다. 내가 두려움과 겁 없음을 초월한 목소리입니다.

촉진자: 그게 무슨 뜻입니까?

진정한 자아: 그러니까 그것은 내가 놀랄 만할 때 놀란다는 뜻입니다. 두려움을 인간의 정상적인 기능으로 인식한다는 뜻이기도 하고요. 두려움은 위험이 잠재해 있음을 경고해주니까 두려움이 느껴질 때 나는 정신을 똑바로 차리고 상황을 주시하며 조심해야 합니다.

나는 겁 없음이기도 한데, 그 말은 두려워하기를 두려워하지 않는다는 뜻입니다. 나는 일체성(oneness)을 알고 그 일체성으로부터 나왔음에도 불구하고 인간으로 사는 것을, 그리고 두려워하거나 괴로워하는 것을, 혹은 타인을 내가 아닌 존재로 보는 것을, 혹은 분별하는 것을 두려워하지 않습니다. 그 말은 내가 무아로서 깊이 머물러 있지만 동시에 성숙하고 지혜롭고 자비로운 자아로서도 기능한다는 뜻입니다.

이원적인 마음

촉진자: 이제 이원적인 마음과 얘기하고 싶습니다. 괜찮겠습니까?

이원적인 마음: 좋습니다. 내가 이원적인 마음입니다.

촉진자: 왜 자신을 이원적인 마음이라고 부르는지 말씀해주시겠

이원적인 마음: 나는 사물을 이원적인 방식으로 보기 때문입니다. 내 말은, 거기엔 아무런 문제도 없다는 겁니다. 나는 단지 모든 것을 옳고 그름, 좋고 나쁨, 자아와 타자, 나와 당신이라는 관점에서 바라볼 뿐입니다. 세상이 원래 그러니까요. 내가 대하고 있는 현실이 그렇습니다. 나무는 내가 아닙니다. 나무를 나라고 생각하는 것은 착각입니다.

그러니까 나의 관점에서 보면 내가 현실입니다. 내가 진짜입니다. 나는 나와 나의 삶 그리고 겐포를 현실로 보고 세상을 옳은 것 아니면 그른 것으로 봅니다. 세상은 좋거나 나쁘거나 둘 중 하나입니다. 물론 회색도 있지요. 회색지대라는 게 있습니다. 하지만 흑백의 구분은 중요합니다. 우리가 좋고 나쁜 것, 옳고 그른 것, 이것과 그것, 나와 당신을 구분할 수 없다면 과연 어디에 있게 될까요? 그때 하나의 종으로서의 인간은 과학, 도덕, 윤리, 영성, 경제 같은 모든 분야에서 과연 어떤 수준에 있게 될까요? 내가 나 자신과 당신을, 혹은 나 자신과 내 옷을 구분할 수 없다면 무엇을 어떻게 해야 할지 하나라도 알 수 있을까요? 그래서 내가 실재이고 현실입니다.

인간 종의 생존에는 나의 존재가 실로 중요합니다. 그리고 물론 나는 모든 종류의 욕망을 갖고 있습니다. 욕망이 없다면 배고플 때 어떻게 음식을 찾을 수 있겠어요? 필요할 때 피신처를 찾을 수 있을까요? 성적 욕망이 없다면 후손을 낳을 수조차 없겠지요? 이런 욕망들은 모두 필수적입니다. 그렇지 않다고 생각한다면 어리석기 짝이 없는 것입니다. 사실 나, 이 이원적인 사고, 이 이원적인 마음, 이 삶의 기본을 모르고 사는 사람은 틀림없는 바보이고 미친 사람이라서 나는 그런 사람을 아주 불쌍하게 여길 겁니다. 어쩌다 자신이 이원적이지 않다거나 뭔가를 초월했다고 생각하게 된 사람들을 나는 많이 봐왔어요. 위험한 사람들입니다. 나는 그들과 조금도 얽히고 싶지 않아요.

촉진자: 그들이 착각하고 있다고 생각하십니까?

이원적인 마음: 당연하죠. 내 말이 그 말입니다. 착각만 하고 있으면 다행인데 위험하기까지 합니다. 무섭기까지 하죠. 세상을 이원적으로 볼 수 없는데 그들 자신과 다른 사람들을 위해서, 그리고 아이들과 세상을 위해서 무엇이 건전한 일이고 무엇이 건전하지 못한 일인지, 무엇이 옳고 무엇이 그른지, 무엇이 좋고 무엇이 나쁜지를 어떻게 분별하겠습니까? 나는 그들이 위협적인 존재라고 생각합니다.

솔직히 말해서 나는 그들을 그냥 싹 제거해버리고 싶어요. 그건 그릇된 일이란 걸 아니까 그럴 순 없지만요. 내 말은 그런 사람들로부터 우리 자신을 어떻게든 보호할 수만 있다면 그보다 똑똑한 짓은 없다는 뜻이에요. 그들은 위험합니다. 정말로요.

그리고 참, 앞에서 말했듯이 나는 물론 자식도 낳고 싶습니다. 그래야 인류라는 종이 살아남을 수 있으니까요. 나는 욕망해야 하고 뭔가를 추구해야 하고 발명하고 발견해야 해요. 나는 창조해야 해요. 내가 곧 창조력입니다. 그리고 분별력이 없다면 어떻게 색이나 모양을 알 수가 있겠어요? 분별력이 없다면 그건 거의 제정신이 아닌 거죠. 내 생각엔 이 책이 말하는 내용도 살짝 맛이 가려고 하는 것 같아요. 우리는 옳고 그름을 구분할 수 있어야만 합니다. 그건 그저 원래 그런 겁니다.

나는 그 비이원적 실재를 주장하는 사람들의 말은 더 이상 듣고 싶지도 않아요. 화가 나거든요. 비이원성이니 초월이니 하는 그런 말도 안 되는 것들을 생각하면 지금도 화가 나요. 그런 사람들이 정말 싫어요. 그들이 정말 이 세상을 위협하고 위험에 빠뜨린다고 생각하거든요. 그들은 도덕과 윤리를 몰라요. 마치 아무런 경계도 없는 것 같아요. 내가 만들어놓은 경계를 존중하지도 않고요. 그들이 말을 할 때는 너무 가까이 다가와서 입 냄새가 지독해요. 무서운 사람들이에요. 정말로 무서워요. 안 그래요?

촉진자: 이번엔 통제자와 대화하는 게 좋을 것 같네요.

이원적인 마음: 좋습니다. 통제자와 대화하는 데 불만은 없지만 통제자에게 다른 초월적인 목소리와 얘기하게 해달라고 요청할 거라면 지금 당장은 못하게 할 겁니다. 그건 안 돼요. 절대로요. 난 그쪽은 꼴도 보기 싫으니까요.

촉진자: 알겠습니다. 그럼 통제자와는 대화할 수 있게 해주시겠습니까? 부탁입니다.

통제자: 그러죠. 통제자입니다.

촉진자: 안녕하세요? 통제자님, 일 하시기는 어떠세요?

통제자: 아! 네, 뭐, 저는 괜찮습니다. 방금 그 목소리는 당신이 가고 있는 쪽을 정말 싫어하네요. 그가 이 모든 일에 얼마나 화가 나는지, 얼마나 싫은지를 있는 대로 다 뱉어내는 바람에 좀 힘들었어요. 자신이 정말로 위협받고 있다고 생각해서 그랬던 것 같아요. 그러니 그를 좀 보호해줄 필요가 있겠어요. 그리고 비이원적인 목소리도 좀 보호해줘야 할 것 같고요.

촉진자: 좋습니다. 이제 부탁드려야겠네요. 허락하지 않으셔도

이해합니다만, 괜찮으시다면 비이원적인 마음과 대화할 수 있게 허락해주시겠습니까? 부탁드립니다.

통제자: 좋습니다. 좀 꺼려지기는 하지만 그렇게 해드리겠습니다. 그럼 어쩌면 더 균형이 잡힐 수도 있을 테니까요.

비이원적인 마음

촉진자: 좋습니다. 당신은?

비이원적인 마음: 나는 비이원적인 마음입니다.

촉진자: 당신에 대해 말씀해주세요.

비이원적인 마음: 그러죠. 나는 이원적이지 않습니다. 나는 물론 매사를 이원적인 방식으로 보지 않습니다. 나는 모든 것을 자아와 타자로 보지 않습니다. 그런 구분은 하지 않습니다. 그 모든 것이 다 나입니다. 이원적인 마음은 이런 나를 이해할 수 없고 모든 것을 편파적으로 본다는 것을 잘 알고 있습니다. 하지만 모두가 나입니다. 모든 존재, 모든 사물, 심지어 파란 하늘과 흰 구름과 태양과 대양까지도 모두 나입니다. 새들도, 꽃들도, 곤충들도 나입니다. 모기도 나입니다. 나는 자아와 타자를 구분하지 않습니다. 그런 구분은 실재가 아닙니다. 실재는 하나, 통일체입니다. 우리는 모두 같고 모두가 하나입니다. 그것이 실재입니다. 그것이 절대적 실재입니다.

조금 전에 당신과 대화했던 그 이원적인 목소리는 자신이 실재라고 생각하지만 그는 단지 실재인 것처럼 보일 뿐입니다. 그 실재는 그의 이원적인 마음에서 나온 것입니다. 그의 이원성이 만들어내어 그의 앞에 나타나게 한 것입니다. 사실은 물론 모든 것이 나, 비이원적인 마음입니다. 그 이원적인 마음조차 나입니다. 그러므로 나는 그를 포용하지만 그는 결코 나를 포용하지 않습니다. 거기에는 의심의 여지가 없지요. 하지만 괜찮습니다. 그는 그런 존재니까요. 나는 이해합니다. 하지만 그는 매우 한정적인 존재입니다. 그의 관점도 한정적이고, 그래서 그는 늘 뭐든 한정하려고 합니다. 그는 언제든지 나를 제거하려 들 겁니다. 물론 그는 그럴 수 없습니다. 그는 나를 체현하는 사람들을 일부 제거할 수는 있을 겁니다. 하지만 나를 제거할 수는 없습니다. 나는 태어나는 존재가 아니고 따라서 죽지 않으며 바꿀 수도 없습니다. 나는 모든 것이 창조되기 전, 혹은 존재하기 전부터 있었습니다. 모든 창조물이 바로 나입니다. 존재하게 된 모든 것이 나입니다.

그러므로 나는 태어난 적 없는 자이자, 태어난 자입니다. 달리 말하자면, 바로 이 몸도 태어난 적이 없습니다. 태어난 것처럼 보이지만 그것은 태어난 적 없는 무엇입니다. 그러므로 바로 이 형체는 형체 없는 무엇입니다. 바로 이 마음은 마음 없는 무엇입니다. 바로 이 몸은 몸 없는 무엇입니다. 바로 이 자아도 자아 없는 무엇입니다. 그저 그것이 실재입니다. 그건 우리가 논쟁하거나 토론할 수 있는 대상이 아닙니다. 그저 원래 이치가 그런 겁니다.

생각이 일어나기 전에는 모든 것이 그저 있는 그대로의 모습을 하고 있습니다. 모든 현현은 단지 나, 비이원적인 마음, 태어나지 않은 자, 빅 마인드의 현현입니다. 붓다는 빅 마인드를 붓다 마인드(불심佛心)라고 했지만요. 다른 종교나 문화들은 나를 또 다르게 부릅니다. 많은 영적 전통의 신비주의자들은 나의 있음(being) — 나는 나를 존재(existence)라고는 부르고 싶지 않습니다. 나는 존재하지도 존재하지 않지도 않기 때문입니다. 나는 존재와 비존재를 초월합니다 — 을 알고 있었습니다. 내가 존재와 비존재를 초월해도 그들은 나에 대해 알고 나와 접촉해왔습니다.

그러니 물론 내 안에는 두려움이 없습니다. 내 안에서는 두려움이 일어나지 않습니다. 욕망할 것이 없으므로 나에게는 욕망도 없습니다. 떨어져 있는 것도 분리되어 있는 것도 없기 때문입니다. 그러므로 나는 추구하지도 않습니다. 왜 뭔가를 추구해야 하지요? 모든 것을 갖고 있는데요. 추구를 생각하는 것 자체가 터무니없습니다. 나는 시공간 너머에 있는데 내가 뭔가를 추구한다면 그 어디로 갈 수가 있겠습니까? '다른 사람'에게 화가 난다니, 대체 다른 어떤 사람 말입니까? 누가 누구에게 무엇에게 화를 낼 수 있단 말입니까?

내 말은, 나도 내 자아도 타인도 없다는 말입니다. 그러니 착각할 것도, 욕망할 것도 없습니다. 탐욕도 없습니다. 추구할 것도 혐오할 것도 미워할 것도 없습니다. 나는 그 모든 것 너머에 있습니다. 모든 것은 나의 현현이고 따라서 당연히 그것들은 나입니다. 하지만 나는 그것들이 아닙니다. 나는 두려움도 화도 집착도 포용합니다. 나는 이 모든 것들을 포용하지만 그것들은 나에게 도달하지 못합니다. 나를 건드리지 못합니다. 그것들이 나를 포용할 길은 없습니다. 하지만 나는 그것들을 포용합니다.

촉진자: 고맙습니다. 이제 다른 목소리인 통제자와 대화하고 싶습니다. 부탁드립니다.

통제자: 좋습니다. 내가 통제자입니다. 당신에게 나와 대화할 것을 허락합니다.

진정한 자아 (이원성과 비이원성 너머)

촉진자: 이원적인 마음과 비이원적인 마음 둘 다를 포함하고 초월하는 목소리와 대화하고 싶습니다. 제가 일컫는 '진정한 자아'와 대화할 수 있겠습니까?

진정한 자아

이원성   비이원성

진정한 자아: 내가 진정한 자아입니다. 다른 말로 나는 진정으로 초월한 자입니다. 비이원적 목소리는 아직 진정으로 초월한 것이 아닙니다. 그는 자신이 이원적인 목소리보다 더 낮고 더 위대하다고 생각하고 있어서 여전히 매우 이원적이기 때문입니다.

보통 우리는 이원적인 마음이 분리를 믿기 때문에 무지하고 착각에 빠져 있다고 말합니다. 하지만 비이원적인 마음 또한 착각에 빠져 있다는 점에서 여전히 불완전하고, 상대를 무시하기 때문에 무지합니다. 그 마음은 인과의 법칙을 무시하고, 그래서 위험합니다. 그것은 현실을 외면하는 것과 같습니다. 무지란 알고 모르고의 문제가 아닙니다. 무지란 진실을 무시하는 것입니다. 사실 모르는 것은 대단한 지혜가 될 수 있습니다. 모른다는 것은 관점 없이 열려 있는 상태이니까요.

나는 진정한 자아이며 진정한 초월자입니다. 이 말은 이원론과 비이원론을 모두 진정으로 포용한다는 뜻입니다. 나는 전적으로 그리고 절대적으로 편안하게 그 둘 다와 함께 지낼 수 있고, 그 둘 다로서 살 수 있고, 그 둘로서 존재합니다. 당신도 알다시피 비이원성은 방석 위에만 앉아 있다면 아무런 문제도 없지만, 시장터에 한 번 데리고 가보세요. 흰빵과 흑빵, 베이글과 도넛도 구분을 못해서 쩔쩔맬 겁니다. 아주 끔찍해하겠지요. 바라는 게 없으니 뭘 어떻게 해야 하는지도 모르는 겁니다.

나는 욕망과 추구와 두려움과 분별을 모두 포용합니다. 나는 그 모두를 포용하지만 그것에 의해 규정되지도, 그것에 집착하지도 않습니다. 나는 욕망할 수 있고, 욕망이 충족되지 않아도 욕망을 내려놓을 수 있습니다. 예컨대 나는 전 지구의 의식을 일깨워 더 높은 수준으로 올리고 싶습니다. 하지만 이 생에 그런 일이 일어나지 않아도 좋습니다. 최소한 이 생에서 내가 한 일과 노력은 그만큼의 가치 있으니까요. 나는 이 생에서 이루어진 진보가 다음 생들에서 계속 이어질 수 있다고 봅니다. 앞으로 올 그 모든 다른 생들도 곧 나이고, 동시에 내가 아니기 때문입니다. 나는 이원적으로 사는 것과 비이원적으로 사는 것을 분별하는 데 아무런 문제도 없으며, 동시에 둘도 아니고 하나도 아닙니다.

나는 아무것에도 갇히지 않습니다. 나는 온전하고 자유자재합니다. 나는 자유자재한 온전한 인간 존재입니다. 나는 이원성과 비이원성 사이를 자유자재로 왔다 갔다 하고, 그 전환을 더 이상 의식하지도 않습니다. 나는 둘 사이에서 장막도 간격도 느끼지 않고 늘 왔다 갔다 합니다. 둘 다 항상 이용 가능하고, 둘 사이를 왔다 갔다 하는 움직임은 너무나 빨라서 거의 알아챌 수조차 없습니다. 그 움직임은 순간이동 그 이상입니다. 한 마디로 그 둘 사이에 아무런 장벽이 없는 겁니다. 비이원성은 비이원성에 약간 갇혀 있어서 이원성보다 비이원성을 선호하기 때문에 나는 비이원성과는 좀 다릅니다.

우리가 빅 하트에게로 가면 그 순간 분별력이 돌아옵니다. 다른 존재들이 괴로워하는 것을 목격하면 느낌과 감정과 사랑과 열정이 일어납니다. 빅 하트와 함께 크나큰 자비가 일어납니다. 비이원성에서 이원성으로 돌아오면 분별심이 생기고, 그와 함께 자비심도 일어납니다. 나는 여성적/남성적 자비이지만 빅 마인드이기도 합니다. 그러므로 나는 태극 도형과도 같습니다. 빅 마인드는 양의 측면이고 빅 하트는 양을 포용하는 음 쪽입니다. 그 도형을 돌게 하면 나는 바로 그 음과 양, 동과 서, 남과 북의 흐름이 됩니다. 나는 에너지의 그런 움직임이요 흐름입니다.

7

열 가지 덕목의 완성

관용

촉진자: 관용의 목소리와 대화할 수 있을까요?

관용: 네, 제가 관용의 목소리입니다.

촉진자: 자신에 대해 말씀해주세요.

관용: 간단히 말해서 나는 관대합니다. 베푸는 데서 기쁨을 느끼기 때문입니다. 나는 열린 마음과 초월적인 행동의 자리에서 나왔고 놓아 보내고 내맡기는 것이 나의 모든 것이라고 해도 과언이 아닙니다. 나는 뭔가를 붙잡거나 확보하려고 애쓰지 않습니다. 다른 사람들을 위해 관대하게 자신의 삶을 바치는 것보다 이 자아를 더 행복하고 충만하게 하는 것은 없습니다. 그건 정원의 호스와도 비슷합니다. 수도꼭지와 호스의 분사구가 둘 다 잠겨 있으면 물이 흐를 수 없고 호스는 그 안에 있는 물만 갖게 됩니다. 그 안에 있는 물, 딱 그만큼만 말입니다. 물이 더 들어올 수도 더 흘러나갈 수도 없어요. 하지만 수도꼭지와 분사구를 둘 다 열면 물이 끝없이 흐르게 되어 있지요. 나, 관용이 바로 그렇습니다.

더 많이 줄수록, 더 많이 바치고 봉사할수록 계속 더 많은 원천수가 나를 통해 흘러나옵니다. 나는 양동이라기보다는 도관이 됩니다.

양동이는 그 크기만큼만 채울 수 있고 더 채우면 넘치니까 그 용량에 한계가 있습니다. 많은 사람들이 양동이처럼 살아가는 것 같습니다. 그렇잖아요. 꽉 채우고 살다가 조금만 더 들어와도 넘쳐서 어쩔 줄을 모르니까요. 호스라면 너무 많이 흐를 염려 따위는 없답니다. 분사구가 완전히 열려 있는 한 아무리 물이 많이 들어와도 아무리 압박이 세도 그 순간 바로 터져 나가버리니까요. 그래서 자신을 넘어선 그것이 끊임없이 흐르게 되는 것입니다.

나는 우리 모두를 자아보다 위대한 그것, 그 원천, 그 에너지, 혹은 뭐든 다른 이름의 그것을 위한 하나의 용기 혹은 도관 혹은 도구로 봅니다. 우리는 그것을 신, 창조자, 에너지, 붓다, 혹은 다르마라고 부를 수도 있습니다. 그것을 부르는 용어는 많고도 많습니다. 그런데 그렇게 하나의 도구로서 정말로 관대하게, 거침없이 베풀 때 삶은 매우 충만해집니다. 열린 도관이 되어서 원천수가 흘러 지나가도록 그저 허용하는 것보다 더 삶을 충족시켜주는 것은 없습니다.

촉진자: 관용인 당신은 사람들이 당신의 관용에 감사하지 않을 때 어떤 기분이 듭니까?

관용: 놀랍게도 나는 나의 베풂을 받는 사람에게 어떻게 해야만 한다고 명령할 수 없습니다. 나는 아무런 기대도 할 수 없습니다. 나에게 몇 푼만 달라던 가난뱅이나 노숙자가 내가 준 그 몇 푼으로 음식을 사먹기 바랐는데 술을 사 마셨다면 실망할 수도 있겠지요. 하지만 동시에 나는 그를 심판할 필요도 없고, 내가 준 선물로 그에게 무엇을 하라고 지시할 필요도 없어요.

가르치는 일도 마찬가지입니다. 사람들을 가르치면서 나는 그들이 그것을 가지고 무엇을 할지에 대해서는 아무런 기대도 할 수 없고, 하지도 않습니다. 오래전에는 나도 그랬어요. 1999년까지는 겐 포가 무엇을 가르치든 사람들이 그것을 더 발전시켜서 더 깊이 수행 하고 더 명료하게 인식하고 더 열심히 수행하고 더 많이 좌선하고 더 잘하기를 정말로 바랐지요. 그래서 좌절도 많이 해서 결국 1994년엔 겐포도 완전히 지쳐버렸지요. 빅 마인드 과정을 발견한 1999년이 되 어서야 그 여파에서 완전히 벗어날 수 있었던 것 같아요. 아니, 1999 년 즈음에도 그는 사람들이 빅 마인드 과정을 100퍼센트 잘 흡수했 으면 좋겠다는 바람과 기대를 버릴 수가 없었어요. 그가 진정으로 그 것을 놓아 보내고 무심해질 수 있게 되기까지는 그 후로도 몇 년이 더 걸렸어요. 그때부터 빅 마인드 과정이 훨씬 더 큰 성공을 거두게 되었고요.

이제 나는 그냥 줘버립니다. 사람들이 내가 준 것으로 무엇을 하 든 그것은 그들 마음입니다. 그것은 하나의 선물이니까요. 그들은 그 선물을 내다 버릴 수도 있고 잘 활용할 수도 있습니다. 이번 생에 서 사용할 수도 있고 다음 생에서 사용할 수도 있지요. 그 선물에 감 사할 수도 있고 거부할 수도 있습니다. 처음 빅 마인드 과정을 시작 했을 때 겐포는 사람들이 최소한 그 과정에 감사했으면 하고 바랐습 니다. 한 방 안에 백 명이 있었다고 치면 내 기억에 다섯 명 정도는 도중에 나가버리기도 했지요. 얻을 게 없다고 생각한 거죠. 그러면 그는 물론 실망했고 그들도 실망했지요. 하지만 95퍼센트가 남아 있 었으니 나쁘지 않았죠. 그 정도면 상당히 좋은 거예요. 그렇죠?

이제는 거의 백 퍼센트 남아 있는 편이고 그 차이를 부른 것은 겐 포의 무심함인 것 같아요. 나는 그렇게 보고 있어요. 때로 그는 워크 숍을 시작할 때부터 대놓고 이렇게 말하곤 하죠. "잘 아시겠지만 저는 이 과정에서 여러분이 뭔가를 얻든지 얻지 못하든지에는 정말이지 개의치 않습니다. 나는 단지 여러분과 즐기려고 여기 있습니다. 여러분도 즐기기를 바라지만 설사 즐겁지 않다고 해도 문제될 것은 없습니다. 그냥 하나의 놀이니까요. 즐기시기 바랍니다. 내가 누구인지를 발견하는 것보다 더 흥분되는 일은 세상에 없다고 생각합니다." 그들은 감사할 필요가 없습니다. 내가 주고 싶어서 주는 것이니까요. 조건 따윈 없습니다. 내가 준 것으로 무엇을 할지는 전적으로 그들에게 달려 있습니다.

야마다 노사님이라는 대선사 한 분이 생각나는군요. 겐포는 그분이 팔순이 넘어 돌아가시기 직전에 한동안 그분과 함께 지냈지요. 어느 날 야마다 노사께서 그에게 이렇게 말씀하셨습니다. "자네 그거 아는가? 나도 칠순이 되어서야 나에 대해 사람들이 하는 생각, 기대, 나를 보는 방식에 무심해질 수 있었다네. 그리고 나니까 얼마나 편하던지! 겪어보지 않고는 모를 걸세." 하지만 그는 이렇게도 말했습니다. "칠순 즈음까지도 신경이 쓰였지. 사람들이 나를 어떻게 보고 어떻게 생각하는지, 나에게 감사를 하는지 안 하는지가 신경이 쓰이더군. 그런 것에 무심해지니까 어찌나 후련하던지 말이야."

이건 아주 중요합니다. 이 '무심'이라는 것 말입니다. 약간 부정적으로도 들리는 단어라는 걸 잘 알지만 우리가 주거나 바치는 것에 정말이지 아무런 조건도 달지 않는다는 뜻입니다. 아이에게 돈을 준다고 합시다. 아이는 나가서 사탕을 삽니다. 애들이란 원래 그러니까요. 아이가 뭔가 다른 걸 샀으면 한다면 돈 대신에 그 다른 걸 주면 됩니다. 일단 주었으면 그것으로 끝이니까 놓아 보내세요. 그러면 많은 괴로움과 슬픔에서 벗어나게 될 겁니다.

촉진자: 그것을 깨닫기 위해 칠순이 될 때까지, 아니면 완전히 지쳐버릴 때까지 기다려야 합니까?

관용: 겐포는 그런 많은 것들을 힘들게 배워야 했어요. 그는 뭐든 빨리 배우는 사람이 아니에요. 그는 몸으로 부딪히면서 직관적으로 배울 때 가장 잘 배워요. 각자가 저마다 배우는 방식이 다릅니다. 이런 이야기가 있지요. 정말 똑똑한 말은 채찍을 드는 순간 알아서 달리고, 그만큼 똑똑하지 못한 말은 채찍을 맞아야 달리고, 정말 우둔한 말은 등골이 오싹할 정도로 맞아야 달린다고요. 겐포는 그 우둔한 말이에요. 그는 철저하게 맞아봐야 하는 그런 사람이에요.

촉진자: 겐포가 억울해하거나 기대를 품고 있을 때 관용인 당신은 어디에 있었나요?

관용: 나도 거기 있었죠. 그리고 그는 관용을 베풀었어요. 하지만 여전히 조건을 달았죠. 관용에도 여러 종류가 있는 것 같습니다. 거침없이 주는 관용이 있고 기대하며 주는 관용이 있습니다. 그리고 그 기대란 그저 가치를 인정받는 것이 될 수도 있습니다. 그러니까 정말로 거침없이 주는 관용이라면 주는 사람이 누구인지를 아무도 알 필요가 없습니다. 내가 줬으니 상대가 감사하고 고마워해야 한다고 생각할 필요도 없습니다. 사람들이 감사해야 한다거나 고마워해야 한다거나 당신이 준 것에 상당하는 선물로 보답해야 한다는 생각이 들면 그것은 거침없는 관용에 온전히 미치지 못하는 것이지요. 주기는 하되 여전히 갖고 있는 것입니다. 뭔가 보상을 바라는 것입니다.

성경에는 왼손이 하는 일을 오른손이 모르게 하라는 말이 있지요. 선불교에서는 무소외無所畏(두려워할 것이 없음)라는 선물이 가장 큰 선물이라는 말이 있습니다. 나에게 그것은 빅 마인드라는 선물입니다. 빅 마인드는 절대적으로 아무것도 두려워하지 않으니까요. 모든 경계가 허물어지거나 초월될 때 두려움이 없어지고, 그 상태야말로 가장 큰 선물이지요.

무심할 수 있는 능력, 기대하면서 끄달리지 않을 수 있는 능력은 빅 마인드가 주는 또 다른 선물입니다. 우리 사회는 우리에게, 우리가 서로에게 너무 무심하고 이기적이고 탐욕적이라면서 걱정하고, 서로를 더 많이 배려하고 더 많은 자비와 동정심을 가져야만 한다고, 정말이지 모든 것을 더 갖춰야만 한다고 말합니다. 하지만 우리는 동전의 다른 면을 보지 못하고 있습니다. 어떤 면에서 우리는 너무 많이 배려하고 있는지도 모릅니다. 다른 말로 너무 많이 집착하고 있는지도 모릅니다. 그래서 정말로 자유로울 수가 없고 행복해하고 즐거워할 수가 없습니다. 우리가 자유롭고 행복하고 즐겁기만 하면 우리의 삶, 전체 세상, 나아가 모든 것이 더 잘 흘러갈지도 모르는 데도 말입니다.

모두가 자유롭고 행복하고 즐거운 세상을 상상할 수 있습니까? 모두가 관용을 베풀어서 아무런 조건 없이 거침없이 주는 세상 말입니다. 그런 세상을 상상해볼 수 있나요? 거의 상상조차 불가능합니다. 그만큼이나 이질적인 세상이니까요.

자, 그게 우리의 일입니다. 그게 우리가 여기서 해야 할 일입니다. 그게 이 책이 하는 말입니다. 우리 중에 충분한 숫자의 사람들이 그 정도 수준의 의식에 도달한다면 지구 전체가 변할 것이라고 나는 믿습니다. 얼마가 충분한 숫자인지는 모르겠습니다. — 켄 윌버에 따르면 지구상 인구의 10퍼센트면 된다고 합니다. 나는 전환점 같은 어떤 지점이 있다고 믿습니다. 지구 전역에서 우리가 그 지점에 도달하게 되면 전 지구가 의식을 전환할 것입니다. 여기서 우리가 하려는 일이 그렇습니다. 나는 우리 모두가 함께 이 일에 동참하고 있다고 생각합니다. 아무도 피할 수 없습니다. 우리는 모두 같은 배를 타고 있습니다. 같은 행성에 살고 있습니다. 이 일은 세계적으로 피할 수 없는 일입니다. 그 일을 해내거나 망하거나 둘 중 하나입니다.

선불교에는 이런 공안이 있습니다. 아주 멋진 공안이고 내가 좋아하는 공안 중 하나지요. 창문을 통과하는 버팔로 이야기입니다. 공안은 이렇습니다. "버팔로의 머리, 두 뿔, 네 다리가 모두 격자창을 통과했다. 그런데 왜 꼬리에서 걸렸을까?"

선불교, 그 모든 가르침의 본질을 말해주는 가장 환상적인 공안입니다. 이 공안에서, 우리의 관념적 마음인 머리가 격자창이라는 장벽을 통과합니다. 우리의 이원적인 마음인 뿔도 격자창을 통과합니다. 다른 말로 우리는 비이원성에 도달합니다. 그리고 우리의 모든 생각과 관념을 상징하는 네 다리까지 나왔습니다. 그런데 왜 꼬리가 걸린 걸까요? 꼬리는 가늘고 버팔로는 그렇게 큰데도 말입니다. 두 가지 답이 가능합니다. 하나의 실재는 두 가지 측면, 즉 이원성과 비이원성, 절대성과 상대성을 갖고 있기 때문에 답은 늘 둘입니다.

절대적인 측면에서 본다면 물론 꼬리가 통과할 창문이란 게 어디 있단 말인가 하는 의문이 생깁니다. 빅 마인드의 관점에서 보면 통과할 것은 아무것도 없으니 아무도 그것을 통과할 필요가 없습니다. 창문도 없고 버팔로도 없고 자아도 없고 나도 없고 너도 없고 통과할 것도 없고 문도 없습니다. 절대의 관점에서 보면 문 자체가 없습니다.

상대적인 측면에서 본다면 꼬리는 이 세상의 우리 모두, 즉 이 세상의 모든 의식적 존재들을 뜻합니다. 그리고 그 모든 존재가 우리가 여기서 말하고 있는 그 상태에 도달할 때까지, 즉 자유롭고 행복하고 즐거우며 진정으로 관대해질 때까지 해방은 없다는 뜻입니다. 그때까지 우리는 그 창문을 통과할 수 없습니다. 그것을 선에서는 보살의 서원이라고 합니다. 나는 나 자신이 그 창문을 통과하기 전에 모든 의식을 지닌 존재들, 그 최후의 존재들까지 해방시키기를 서원합니다. 우리가 처한 상황을 분명하게 인식한다면 자연스럽게 생기는 마음입니다. 대단하고 신기한 것이 절대 아닙니다. 우리는 모두 한 배를 타고 있습니다. 우리는 한 마음이고 한 몸입니다.

촉진자: 무심함과는 거리가 먼 얘기 같습니다만…

관용: 평형효과 같은 것이지요. 무심해질수록 더 많이 주고 더 많이 배려할 수 있게 되는 겁니다. 초연해질수록 모든 존재의 자유에 더 집착할 수 있는 것입니다. 전혀 무심해질 수 없다면 모든 존재의 해방이라는 그 거대한 책임을 어떻게 감당할 수가 있겠습니까? 그렇습니다. 나는 나만의 근심에 갇히게 될 것입니다. 그러니까 무심을 체현하면 온전히 그리고 진정으로 염려할 수 있게 된다는 말입니다. 그러므로 나는 보살의 서원을 무심함과 '전혀 다른 이야기'로 보지 않습니다. 나는 그 둘이 절대적으로 하나라고 봅니다.

빅 마인드와 빅 하트의 상호작용 지점이 바로 그곳입니다. 빅 마인드는 무심합니다. 전적으로 무관심합니다. 모든 것은 그 자체로 완벽하고 완전하고 온전하니까요. 빅 하트는 가장 작은 미물도 염려합니다. 빅 하트는 모든 존재를 평등하게 품고 사랑합니다.

촉진자: 다시 한 번 '진정한 자아'와 얘기할 수 있을까요?

진정한 자아: 네, 내가 진정한 자아입니다.

촉진자: 저는 현명한 행동 혹은 적절한 행동에 관련된 인격들을 살펴보고 싶습니다. 그런데 도움이 좀 필요합니다. 어떤 목소리와 대화하면 될까요?

현명하고 적절한 행동

진정한 자아: 앞에서 살펴봤던 삼각형 도형을 다시 이용해서 우리의 행동의 근거가 되는 서로 뚜렷이 달라 보이는 세 가지 관점들과 이야기해보면 어떨까요? 불교는 그 세 관점을 세 가지 승乘, 즉 소승(Hinayana), 불승(Buddhayana), 대승(Mahayana)으로 일컫지요. 이 세 가지 승, 곧 관점들은 하나의 자유롭고 온전하고 고정되지 않은 삶의 방식으로 그 모습을 드러내게 됩니다.

먼저 직선적인 마음부터 시작하는 게 어떨까 싶습니다. 그다음에 빅 마인드와 대화하세요. 그다음에는 삼각형 꼭대기에 있는 나, 즉 현명하고 적절한 행동에게로 돌아오면 됩니다.

직선적인 마음

촉진자: 그렇다면 먼저 직선적인 마음과 대화해도 되겠습니까?
직선적인 마음: 좋습니다. 제가 직선적인 마음입니다.
촉진자: 자신에 대해 말씀해주세요.
직선적인 마음: 무엇보다도 사람들이 가끔 내가 속이 좁고 융통

성이 없다고들 하는데요, 나는 사람들이 그렇게 말하는 게 싫습니다. 나는 사물을 보이는 대로 받아들입니다. 나는 사물을 직접적이고 근본적이고 정통적인 방식으로 봅니다. 나의 관점은 타당하고 사실 가장 정직한 관점이라고 생각합니다. 깊이 들어가고 싶다면 때로는 좁은 구멍도 파고들어야 하는 법입니다. 너무 방만하면 바닥으로 내려가기가 훨씬 어려울 겁니다. 예를 들어 나는 살인이나 다른 생명을 취하는 것은 그 존재가 사람이든 모기든 절대적으로 잘못된 일이라고 알고 있습니다. 진실로, 정말 진실로 그렇지요. 나의 관점에서는 모든 생명이 신성합니다. 모든 생명이 내 생명의 연장이고 이런 사고 방식은 고래, 코끼리, 심지어 곤충 한 마리에도 그대로 적용됩니다. 나는 철저하게 그렇게 생각하기 때문에 그 어떤 것도 해치거나 다치게 하거나 죽여서는 안 됩니다. 그래서 아주 주의해서 인간부터 곤충까지 모든 생명을 존중하고 지지합니다.

나는 훔치지 않습니다. 나에게 주어지지 않은 것, 내가 구입하지 않은 것은 그것이 비누 한 장이라도 취하지 않습니다. 나는 간통을 저지르지 않고 성적으로 탐욕스럽게 행동하지 않습니다. 나는 진실을 말하고 거짓말을 하지 않습니다. 나는 술이나 마약에 취하지 않고 다른 사람의 실수와 과실을 말하지 않습니다. 잘난 척하지도 다른 사람을 비난하지도 않습니다. 구두쇠도 아니고, 특히 가르침은 매우 관대하게 베풉니다. 혐오하지 않고 분노에 빠져들지 않습니다. 내 스승들이 어떻다느니, 그들의 가르침이 어떻다느니 흉을 보지 않습니다. 내가 속한 공동체의 흉을 보지도 않습니다.

이런 내가 어디가 속이 좁다는 거죠? 나는 행동규범과 관례를 준수하고 그것을 깨지 않으려고 정말 최선을 다합니다. 나는 인간이 만든 법이든 인과의 법칙이든 법이란 법은 다 믿습니다. 나는 남들이 나를 대해줬으면 하는 방식으로 남들을 대합니다. 나는 이 자아에게 확신과 힘도 줍니다. 그리고 그가 만들어놓은 경계와 한계를 확실히 지지해주지요. 그래야만 윤리와 도덕을 지키고 살 수 있다고 생각합니다. 이런 내가 뭐가 그리 나쁘다는 거죠?

촉진자: 약간 방어적이신 것 같군요. 괜찮으시다면 다른 목소리와 대화하고 싶습니다. 부탁입니다.

직선적인 마음: 좋습니다. 하지만 나는 내가 방어적이라고 생각하지 않습니다. 전혀 방어적이지 않습니다. 하지만 계속하시죠.

빅 마인드

촉진자: 빅 마인드와 대화하고 싶습니다.

빅 마인드: 내가 빅 마인드입니다.

촉진자: '직선적인 마음'이 방금 한 말들에 대해 어떻게 생각하시는지요?

빅 마인드: 나는 직선적인 마음과는 다르게 봅니다. 나는 모든 것을 나, 빅 마인드의 현현으로 보기 때문에 마음의 상처든 육체의 상처든 상처 입는 것도, 죽임을 당하는 것도 없다고 생각합니다. 타인을 해치거나 죽이거나 흉보거나 비난할 사람도, 해침을 당하거나 죽임을 당하거나 비난을 당하는 사람도 없습니다. 주와 객의 구분이 없으니까요. 내가 아닌 다른 사람이 있다는 생각이 떠오르는 것조차 나에게는 일종의 착각입니다. 타인은 없습니다. 있는 것은 오로지 한

마음(One Mind)뿐입니다. 이것과 저것 사이에 거리도 분리도 없습니다. 모두가 하나입니다.

촉진자: 좋습니다. 이제 제3의 목소리와 대화해도 되겠습니까?

빅 마인드: 그러시지요.

현명하고 적절한 행동

촉진자: 이제 직선적인 마음의 관점과 빅 마인드의 관점 둘 다를 포함한 다음 그 둘을 초월하는 목소리와 얘기하고 싶습니다. 그것은 그 둘을 포용하지만 그 너머로 나아갑니다. 삼각형의 꼭대기에 있는 목소리 말입니다.

현명하고 적절한 행동: 내가 그 목소리입니다.

촉진자: 자신에 대해 말씀해주시겠습니까?

현명하고 적절한 행동: 네, 물론 나는 직선적인 마음과 빅 마인드의 관점을 둘 다 포용합니다. 나의 행동은 현명하고 적절합니다.

나는 당시에 그가 처한 상황에 알맞은 조화로운 행동을 합니다. 적절한 행동은 상황에 따라 달라지고 상황이 바뀜에 따라 바뀝니다. 그의 위치도 늘 변합니다. 그는 선생 역할을 하기도 하고 학생 역할을 하기도 합니다. 아버지의 입장에 놓이기도 하고 아들의 입장에 놓이기도 합니다. 고용인이 되어 이사회의 심사에 응하기도 하고 고용주가 되어 그를 위해 일하는 사람들을 다루기도 합니다. 시간, 장소, 상황에 따라 그의 위치는 끊임없이 바뀝니다.

적절한 행동은 시간에 따라서도 달라집니다. 한순간 현명하고 적

현명하고 적절한 행동

직선적인 마음 　　　　　　　　　　　빅 마인드 또는 한 마음

절했던 행동이 다음 순간 부적절한 것으로 판명될지도 모릅니다. 장소에 따라서도 달라집니다. 어떤 곳에서는 적절했던 행동이 다른 곳에서는 부적절해집니다. 현명한 행동에는 적절성의 정도 혹은 양도 중요합니다. 시간이 넘쳐서도, 부족해서도 안 되지요. 예를 들어 그가 법문을 펼칠 때 그것이 한없이 길어진다면 그것이 적절한 장소에서 적절한 사람들에게 적절한 때에 행해진다고 하더라도 지나친 것이 되어버리죠. 적절하지 못한 양도 마찬가지입니다. 시간을 적절히 주거나 쓰지 않으면 그의 법문도 부적절해지는 겁니다.

　　현명하게 행동하는 나는, 사람이라면 살인을 해서도, 거짓말을 해서도, 남의 것을 훔쳐서도 안 되고 인색해도 탐욕스러워도 안 된다고 생각합니다. 그리고 동시에 나는 그 모든 것이 공함을 봅니다. 해를 입힐 사람도 죽일 사람도 거짓말을 할 사람도 무언가를 훔쳐올 사람도 없습니다. 그런 윤리적인 규율들은 이원적인 사고에서 나오는데, 나의 관점에 이원론은 없습니다. 나는 비이원적으로 접근합니다. 동시에 나는 이원적인 관점들도 볼 수 있습니다. 나는 이원적이고 비이원적인 관점 양쪽을 다 보며 어느 한 쪽에 고정되지 않습니다. 나는 그 어느 쪽에도 집착하지 않습니다.

이렇게 나는 가장 적절한 행동을 합니다. 나는 모든 주어진 상황에 가장 적절한, 최선의 방식으로 대응합니다. 모든 존재를 향한 나의 지혜, 명석함, 자비로부터 나오는 대응이지요. 모든 생명은 한 마음(One Mind)의 현현이므로 나는 모든 생명을 바로 나처럼 여깁니다. 예를 들어 모기 같은 것을 실제로 죽인 때도 있었지만 야외에 앉아 있을 때는 어차피 소용도 없는 일이라서 이제 그런 일은 시도도 하지 않습니다. 밤에 잠을 자려는데 내 머리 위에 파리 한 마리가 날아다닌다면 나는 어쩌면 그 녀석을 죽일 것입니다. 물론 일반적으로는 모든 생명에 아무런 해도 끼치지 않는 것이 가장 윤리적일 것입니다. 하지만 더 큰 선을 위해, 혹은 더 큰 명분과 이유가 있다면 무언가를 해쳐야 할 경우도 ― 규칙이라기보다는 예외 쪽일 테지만 ― 있을 것입니다.

그러므로 그 순간에 옳고 적절한 일이라면 나는 누군가에 대해 부정적으로 보이는 말을 하기도 하고 탐욕스러워 보이거나 구두쇠처럼 보이기도 할 겁니다. 나는 모든 것이 상대적이라고 보기 때문에, 주어진 상황과 시간과 장소 속의 나의 위치 혹은 역할, 양과 정도의 다소가 나의 대응을 적절한 것으로 만들기도 하고 부적절한 것으로 만들기도 한다고 생각합니다. 유일한 지침이 있다면 내가 스스로 내린 최고의 판단이 그 지침입니다. 나는 자비와 빅 마인드로부터 얻은 지혜에 근거하여 그 판단을 내립니다. 자비와 빅 마인드는 남을 해치지도, 고통을 일으키지도 않는다는 것의 의미를 문자 그대로 이해하는 데서 나오는 마음입니다.

　나는 다른 사람의 소유물과 재산을 인정하고 존중합니다. 그리고 거리낌 없이 관대하게 베풉니다. 나는 자기중심적이거나 이기적으로 행동하지 않습니다. 나는 진실합니다. 진실하지 않은 편이 더 적절할 상황이 아니라면 말입니다. 나는 냉철하고 세심하고 아무것도 놓치지 않습니다. 그리고 술을 과하게 마시지도 않고 나만의 생각이나 관념에만 빠지지도 않습니다. 다른 사람의 실수나 과실을 말하기를 삼가고 타인에게 친절하고 사려 깊게 말할 방법을 찾습니다. 잘난 체하지 않고 타인을 비난하지 않습니다. 내가 돋보이기 위해 다른 사람들을 밟고 올라서지 않습니다. 간단히 말해서 나는 사람들에게 관대하고 좋은 사람입니다. 과실을 찾으려 하지 않고 작용 반작용의 법칙과 인과의 법칙을 헤아려 나의 책임을 다합니다. 나는 관대하고 잘 줍니다. 나는 사람들에게 기쁨을 주고 호의적이며 동정적입니다.

　촉진자: 과거의 행동에 대해서 회의하신 적은 없나요? 그 행동이 최선이 아니었다고 생각한 적도 있나요?

　현명하고 적절한 행동: 물론입니다. 옳고 그름은 상황과 시간과 장소에 따라 변하기 때문입니다. 시간이 흐름에 따라 한순간에 옳았던 일이 나중에 보니 그렇지 않게 되기도 하니까요. 다시 말해 과거에 옳았던 일이 지금 보니 최선의 결정이 아닌 것처럼 보일 수도 있고 지금 최선의 결정처럼 보이는 것이 미래에는 그렇지 않을 수도 있기 때문입니다. 그렇게 왔다 갔다 하지만 그 문제를 놓고 고심하는 것이 그다지 좋은 것 같지는 않습니다. 우리는 그때그때 주어진 도구들을 고려하여 자신이 할 수 있는 최선의 선택을 내리며 살아갑니다. 우리는 그런 삶에 가능한 한 충실하게 살아가야 하며 그런 선택이 최선이 아니었다고 판명되더라도 그 결과, 그 업보를 기꺼이 책임지겠다는 마음으로 살아가야 합니다. 우리가 할 수 있는 일은 주어진 것 안에서 최선을 다하는 것뿐입니다.

많은 종교가 해야 할 일과 하지 말아야 할 일을 말하고 이것을 하라는 둥, 저것은 하지 말라는 둥 말이 많은데 내 생각에는 그게 다 두려움 때문인 것 같습니다. 그런 행태가 큰 목적에 이바지하는 경우는 한 번도 못 봤습니다. 단기간에는 괜찮을지 몰라도 어떤 면에서 그런 행태는 사람들을 매우 경직되게 만들고 두려움만 키울 뿐입니다. 인과의 법칙, 작용 반작용의 법칙을 받아들이고 결과에 대한 책임을 다할 것을 권장하는 것이 훨씬 더 성숙한 방법입니다. 그런 책임감이 각각의 개인들로 하여금 그들 각자가 지니고 있는 지혜와 자비심에 따라 가장 현명하고 동정적인 선택을 자동적으로 내리게 합니다. 무엇을 해야 하고 하지 말아야 한다는 생각은 정말로 우리를 구속합니다. ― '나는 이래야 해, 저러지 말아야 해, 이것을 해야 해, 저것은 하지 말아야 해.' 이 모든 생각을 떨쳐낼 때 우리는 완전한 해방을 경험합니다. 나는 현명하고 적절한 행동입니다.

촉진자: 확실한 보장은 없다는 건가요?

현명하고 적절한 행동: 보장은 없다고 생각합니다. 기꺼이 위험을 감수하고 용감하게 나아가야만 합니다. 삶에 보장은 없습니다. 잘못된 선택에 대비해 들어둘 보험은 없습니다.

끈기 혹은 올바른 노력

촉진자: 다른 목소리와 대화할 수 있을까요?

현명하고 적절한 행동: 네, 그러시죠.

촉진자: 끈기의 목소리와 얘기하고 싶습니다.

끈기: 내가 끈기입니다. 나는 끈기 있게 버팁니다. 나는 이것이 끝없는 과정임을 알고, 이 길을 가는 동안 어딘가에서 꼼짝 못하게 되기도 쉽다는 것도 잘 압니다. 길은 더디고 때로는 한 바퀴 돌아 제자리로 돌아오는 경우도 있지만 이 길은 나선과 같아서 나는 조금씩 나아가고 있습니다. 그러므로 원 위에 있든 나선 위에 있든 거기서 멈춰버리지만 않으면 되는 것입니다. 나는 빅 마인드 과정의 연습이 마음을 자유롭게 하고, 멈춰 꼼짝할 수 없는 곳이 어디든 그곳에서 벗어나게 해주는 점이 멋지다고 생각합니다.

그러므로 나의 일은 계속 끈기 있게 버티는 것입니다. 좀더 성취할 것, 염원할 것, 분명히 할 것, 깊이 들어갈 것, 인정하고 감사해야 할 것들이 늘 있습니다. 우리는 늘 더 착해지고 친절해지고 더 사랑하고 자애로워질 수 있습니다. 이 과정에 끝은 없습니다. 나는 계속 나아가고 계속 움직이는 사람입니다.

지난 1971년에 그는 그의 첫 번째 저서의 제목을 '계속 걷기'로 하려고 했답니다. 그 책을 쓰기도 전이었는데 어쩐지 그는 그 제목을 좋아했습니다. 끈기가 중요하다는 것을 애초부터 알았기 때문이지요. 꾸물대지도, 한 곳에 너무 오래 머물지도 않고 계속 가는 것 말입니다. 하지만 그는 움직이지 못했지요. — 때로는 30년, 35년씩이나 한 곳에서 나오지 못했답니다. 그러니 이제 그는 그렇게 말하기는 쉬워도 실천하기는 어렵다는 것을 잘 압니다.

1971년, 처음으로 깨어났을 때부터 다른 의식적 존재들을 모두 해방시키고 싶다고 생각했던 그는 1997년이 되어서야 자신이 그 생각에 그토록 오랫동안 갇혀 있었음을 깨닫게 되었습니다. 그는 그 깨달음에서 멈춰 있었어요. 1997년, 네덜란드 북쪽 해안에 있는 아멜란트 섬에 머물던 때에야 비로소 그는 '내가 여기에 36년 동안이나 갇혀 있었구나!' 하고 깨달았답니다. 하나의 서원이었던 그 깨달음을 저버릴 수 있다는 것을 알았을 때 그는 대단한 자유를 맛보았지요.

그 순간 그는 '어쩌면 가르치는 일을 그만두거나 이 일을 그만두게 될지도 모르겠다'고 생각했답니다. 하지만 아니었어요. 그의 일은 더 깊어지고 더 발전했지요. 그 일이 더 이상 그토록 큰 부담으로 느껴지지 않으니까요. 모든 의식적 존재의 해방이라는 목적에 삶을 바치겠다는 그 결정, 그 서원을 지키는 일이 그토록 큰 부담이 되었던 거죠. 그렇게 때로 우리는 우리가 오랜 시간 갇혀 있던 곳들을 보게 됩니다. 그런 것들을 보고 계속 나아가게 하는 존재가 바로 나, 이끈기 있게 버티는, 끈기의 목소리입니다.

나를 '올바른 노력'(正精進)이라고 불러도 될 것 같습니다. 노력이 필요 없는 상태로 가기 위해 노력한다는 뜻에서 말입니다. 나는 버티지만 즐겁게 버팁니다. 나는 밀지도 끌어당기지도 않습니다. 나는 한 발자국씩 나아갑니다. "백 척 장대 위에서 한 걸음을 내디딜 수 있겠는가?"라고 묻는 공안처럼, 나는 그저 한 발자국씩 걸을 뿐입니다. 그 한 발이 어떤 한 발이든지 말입니다. 사다리를 오르고 있다면 왼발을 다음 가로대에 올려놓는 순간 나의 오른발은 오른쪽에서 갇혀 있는 거겠죠. 내가 오른발을 올리면 오른발은 벗어날 테지만 당연히 이젠 왼발이 갇히게 되고요. 그럼 나는 왼발을 올릴 테고 그럼 오른발이 다시 갇히게 됩니다. 그렇게 갇히고 풀리고 갇히고 풀리는 끝없는 움직임이 일어납니다. 나는 그 사다리의 가로대 하나도 건너뛸 수 없습니다. 그러니까 내가 있는 곳 너머로 도약할 수 없다는 뜻입니다. 나는 단지 다음 한 발을 내디딜 수밖에 없습니다. 그렇게 나는 버팁니다.

촉진자: 듣고 보니 끈기란 놓아 보내기를 통해 앞으로 나아가는 것이로군요.

끈기: 그렇습니다. 끈기란 결과에 연연하지 않는 겁니다. 다시 말해 단지 버티기 위해 버티는 겁니다. 그냥 계속 가는 겁니다. 아무런 노력도 시도도 없는 느낌입니다. 그건 끝없는 펼쳐짐이요, 끝없는 흐름입니다. 정말 아무런 힘도 들이지 않게 되지요. 나는 '도를 추구하는 마음'과 '도를 따르는 자'와도 밀접한 관계가 있습니다. 더 성취하고 더 명확히 밝히고 더 다듬어야 할 것이 늘 있으니까요.

끈기의 반대

촉진자: 당신의 반대편에 있는, 끈기에 반대하는 목소리와 얘기하고 싶습니다. 그에게 이름을 지어주고 싶지는 않으니 그냥 그가 누구인지만 알아보도록 하죠. 그 목소리와 대화해도 되겠습니까?

끈기의 반대: 좋습니다. 내가 끈기에 반대하는 목소리입니다.

촉진자: 자신에 대해 말씀해주세요.

끈기의 반대: 나에겐 딱히 가야 할 데가 보이지 않습니다. 정말입

니다. 할 일도 성취할 일도 없습니다. 오는 것도 가는 것도 없고 정지해 있는 것도 갇혀 있는 것도 없습니다. 그 자체로 모든 것이 절대적으로 완벽합니다. 모든 것이 단지 나 혹은 빅 마인드의 현현일 뿐입니다. 나는 끈기의 필요성을 전혀 못 느낍니다. 갈 사람도 올 사람도 없습니다. 문제도 없고 성취해야 할 것도 없습니다. 얻을 것도 없고 목적도 없고 목적을 성취하지 못함도 없습니다.

촉진자: 좋습니다. 이제 끈기와 빅 마인드의 관점 둘 다를 포함하고 초월하는 목소리와 대화해도 되겠습니까?

끈기와 끈기의 반대를 초월하는 자

초월자: 내가 그 둘을 포함하고 초월하는 자입니다. 나는 늘 끈기 있게 버티려는 그 열망을 포용합니다. 하지만 가야 할 장소도 해야 할 일도 없다는 진실도 알고 있습니다. 그러니 나는 모든 것이 완벽하지만 여전히 늘 더 성취할 것이 있는 곳에서 왔습니다. 나는 아무것도 부족하지 않지만 늘 더 깊이 들어가고 더 명확하게 이해하고 뭔가를 더 할 수 있는 곳에서 왔습니다. 나는 지금 여기의 우리와 사물 자체에 잘못된 것은 아무것도 없음을 알지만 동시에 항상 더 발전할 수 있다는 것도 압니다. 우리는 언제나 더 나아질 수 있습니다.

인내

촉진자: 인내의 목소리와 대화하고 싶습니다.

인내: 내가 인내입니다. 무엇보다도, 나는 내가 강물의 흐름을 거스를 수 없다는 것을 잘 압니다. 나무를 원래 자라는 속도보다 더 빨리 자라게 할 수는 없습니다. 태양이 원래 떠오르는 속도보다 더 빨리 떠오르게 할 수도 없고요. 요컨대 모든 일은 준비가 되었을 때 일어난다는 겁니다. 우리는 종종 무슨 일이 일어날지를 몰라 합니다. 아니, 사실은 결코 알 수 없습니다. 어느 순간 삶의 경로가 완전히 바뀔 수도 있고 먼 길을 돌아서 가게 될 수도 있고 완전히 유턴을 해야 할 수도 있지만, 그런 일이 일어나기 1분 전에도 우리는 그것을 알지 못합니다.

촉진자: 자신에 대해 좀더 말씀해주시겠어요?

인내: 나는 더 큰 그림을 봅니다. 나는 변화에는 시간이 필요하다는 것을 잘 알고 있습니다. 갑자기 바로 변하는 경우도 있지만 보통은 많은 노고가 선행되어야 합니다. 그런 다음에 전환이 오는데, 그런 다음에도 이루고 얻은 것이 무엇이든 그것을 체화하고 안정시키는 데에 많은 노력이 듭니다. 그러므로 나는 기본적으로 아주아주 인내심이 많습니다. 나는 사물을 더 큰 그림으로 보고, 깐깐하지 않고 급하지도 않습니다. 그래서 나는 사람들을 잘 참아내고 이 자아도 잘 참아냅니다.

촉진자: 어떻게 그럴 수 있죠?

인내: 다른 사람들과 이 자아 양쪽 모두에게 숨 쉴 공간을 넉넉하게 주는 겁니다. 사는 게 얼마나 힘든지를 잘 알고 습관적 패턴들이

얼마나 강력하고 뿌리 깊은지를 잘 알기 때문이죠. 사람들은 진탕길을 하염없이 반복해서 지나가는 마차 바퀴와도 같습니다. 그러면 그 진탕이 말라서 굳어지지요. 그런 오래된 습관들은 정말로 깊고 단단합니다. 그러므로 부정적인 경향, 중독, 패턴에 관해서라면 나는 길게 봅니다. 그런 의미에서 나는 나무를 억지로 자라게도, 태양을 억지로 떠오르게도, 억지로 지게도 하지 않습니다.

촉진자: 인내는 놓아 보내기와 상관이 있나요?

인내: 그럼요. 나는 곧 인내이기 때문에 무엇보다도 성급함을 놓아 보내야 합니다. 매사에 안달하지 않아야 하고요. 그렇다고 이 자아가 전혀 성급하지 않다는 말은 아닙니다. 그에게 천천히 하자고 하면서 모든 일에는 시간이 필요하다는 사실을 상기시켜주는 것이 바로 나랍니다.

나는 성숙한 인내의 목소리입니다. 그는 목적을 성취하기 위해 서두르는 편이었죠. 발전이 없다 싶으면 매사에 지금보다 훨씬 더 초조해했어요. 하지만 오랜 세월이 걸리긴 했어도 내 덕분에 그는 확실히 속도를 늦추게 되었고 그 자신에게나 타인에게나 훨씬 더 큰 참을성을 갖게 되었죠. 나는 이를테면 우물처럼 저장합니다. 삶을 살아내고 완수해내겠다는 열망을 저장하는 겁니다. 때가 왔을 때 그가 이 삶에서 성취하려 했던 것들을 참을성 있게 성취해냈다고 느낄 수 있게끔 말입니다.

좌선 (선불교 명상)

좌선: 네, 내가 좌선입니다.

촉진자: 자신에 대해 말씀해주세요? 당신은 누구입니까?

좌선: 나는 가장 진실하고 순수하고 깊은 명상이라고 할 수 있지만 사실은 전혀 명상이 아니기도 합니다. 나에게 명상이라는 말은 부적절합니다. 명상이란 뭔가에 대해 명상한다는 것인데 그렇다면 나한테는 '단지 앉아만 있는 것'이라는 이름이 더 낫습니다. 나는 집중할 대상을 갖지 않고 아무것도 추구하지 않기 때문에, 말하자면 가장 순수한 형태의 명상입니다. 나는 아무런 목표도 목적도 없습니다. 나는 가장 진실한 것입니다. 나는 순수한 존재로서 그 외의 아무것도 아닌, '나인 그것'(the I AMness)이기 때문입니다.

내가 현존할 때 이 자아 ― 그 ― 는 없습니다. 나는 '추구하지 않고 붙잡지 않는 마음'입니다. 나는 아무것도 붙들고 매달리지 않고 아무것도 좇지 않고 그저 있습니다. 목표도 없고 목적도 없고 야망도 없습니다. 나는 그저 있음에 절대적으로, 전적으로 만족합니다. 갈 곳도 얻을 것도 이룰 것도 없습니다. 부족한 것이 아무것도 없습니다. 과한 것도 없습니다. 모든 것은 절대적으로 있는 그대로의 그것입니다. 즉, 완전이니 불완전이니 하는 것을 넘어서서 있다는 뜻입니다. 모든 것은 선과 악 옳고 그름의 그 모든 이원성 너머에서, 그 모든 판단 너머에서 그 자체로 완벽합니다. 나는 모든 평가 그 너머에 있습니다. 나는 모든 비난 그 너머에 있습니다. 나는 그렇게 저 너머에, 초월의 상태에 있습니다. 내가 곧 목표입니다.

그가 나를 허락할 때, 다시 말해 길을 비켜주고 추구하기도 멈추며 나의 현존을 허락할 때 그는 절대적으로 평화로워집니다. 나는 평화의 마음입니다. 동양에서 하는 말에 따르면 열반의 상태입니다. 나는 대해탈의 마음입니다. 그가 집중하고 있지 않을 때조차도 그에게 완벽한 고요와 평정과 집중할 수 있는 능력을 주는 것이 나입니다. 그래서 그는 절대적으로 깨어 있고 집중된 상태입니다. 부분을 예리하게 자각하면서도 전체를 놓치지 않습니다. 그것은 지복과 희열과 충만의 상태입니다.

나는 그의 삶에 절대적으로 필요합니다. 나는 자동차의 중립 기어와 같은 존재입니다. 그로 하여금 이 기어에서 저 기어로 옮겨가게 하죠. 나는 기름이고 윤활유입니다.

나야말로 이 자아가 추구하고 찾아온 그것입니다. 어떤 면에서 나는 이 자아의 종말이기도 합니다. 내가 현존할 때 자아는 없습니다. 충분히 오래 앉아 있으면 그에게는 자기집착이 크게 줄어듭니다. 나는 그로 하여금 관념과 신념과 견해를 내려놓게 만드는 목소리입니다. 그 결과 그는 괴로움과 소외와 두려움과 비난의 상태에서 벗어나게 됩니다. 나는 '비非사고'이기 때문에 생각이 일어나더라도 곧 사라집니다. 나는 생각함과 생각하지 않음을 양쪽 다 초월해 있습니다.

촉진자: 본인을 '단지 앉아만 있는 것'이라고 부를 수 있다고 하셨는데, 그 점에 대해 좀더 명확히 설명해주시겠어요? 왜 꼭 단지 앉아만 있어야 하죠? 단지 낚시만 한다든가 단지 잠만 잔다든가 하면 왜 안 되는 겁니까?

좌선: 나는 어떤 자세에서도 나타날 수 있습니다. ― 모터사이클을 탈 때도, 강낚시를 할 때도, 달릴 때도, 걸을 때도 나타날 수 있습니다. 하지만 어떻게든 척추를 곧게 세우고 있을 때, 안 좋은 자세 때문에 호흡이 방해받지 않을 때에 나는 깊고 고요한 상태가 됩니다. 그리고 집중 에너지가 깊어지는 상태가 됩니다. 나는 집중이나 노력 같은 것과는 아무런 상관도 없지만 말이에요. 사실 나는 노력의 정반대편에 있습니다. 내가 현존하는 데는 아무런 노력도 필요 없습니다. 어떻게든 자세를 곧게 하고 마음을 고요히 가라앉히고 있을 때 나는 가장 순수하고 가장 심오한 형태로 나타납니다. 하지만 나는 물론 움직임 속에도 현존할 수 있습니다.

촉진자: 당신은 아무 때나 저절로 나타납니까, 아니면 특정한 상황에서만 나타납니까?

좌선: 나는 사람들이 산속이나 개울가나 강가에 앉아 있거나 고요한 사막에 혼자 있을 때 아주 자연스럽게 나타납니다. 나는 환경이 적합할 때 자연스럽게 나타납니다. 하지만 내가 나타나게 하기 위해 특정한 환경에 의지할 필요는 없습니다. 나를 현존하게 만들고 싶다면 내가 되는 법, 혹은 자신을 놓아 보내는 법을 배우는 것이 중요합니다. 시끄럽고 번잡한 도시생활의 한가운데에 있더라도 말입니다. 그러니까 나를 만나는 방법을 아는 것이 매우 중요한데 추구하지 않는 마음, 붙잡으려 하지 않는 마음, 빅 마인드, 생각하지 않는 마음, 버둥거리지 않는 마음 같은 '~않는 마음'으로 전환하는 것이 가장 쉬운 방법 같습니다.

촉진자: 그러니까 당신은 사람들이 바쁘게 일하는 와중에도, 혹은 고통이나 갈등의 와중에도 접촉할 수 있는 어떤 상태인가요?

좌선: 맞습니다. 그렇고말고요. 물론 거기에는 훈련과 수행이 필요하지만요. 나와 접촉하면 할수록 그것이 더 쉬워지고 더욱 자주 접촉하게 될 겁니다. 이 자아도 처음에는 나를 두려워했어요. 자아가 나와 친해지기 전까지는 자신을 잃어버리게 될지도 모른다는 두려움이 늘 도사리고 있지요. 달리 말해서, 마음은 자신의 자아상을 존속시키느라고, 또 자아라는 개념 자체를 유지하고 보존하느라고 늘 바쁘답니다. 나는 그 거품이 터지는 순간입니다. 자아가 더 이상 존재하지 않는 순간이 바로 나입니다. 그때 나를 만날 수 있고, 나는 항상 여기에 있습니다.

촉진자: 그것은 자아가 상실되는 것입니까, 아니면 자아가 유예되는 것입니까?

좌선: 두 가지 다 가능합니다. 순간적인 자아의 유예가 될 수도 있고, 때로는 자아의 완전한 상실이 될 수도 있습니다. 유예와 상실의 차이는 단지 지속기간인 것 같습니다. 하지만 그 순간에는 그것은 영원한 것입니다. 그것이 단지 한순간일지라도 자아가 사라질 때 당신이 경험하는 것은 나, 영원한 지금, 영원한 현존, 영원한 현재의 순간입니다. 에크하르트 톨레는 그것을 '이 순간의 힘'(power of now)이라고 표현했지요.

촉진자: 전통적인 명상 수행에 대해서 하실 말씀은 없습니까?

좌선: 진정한 명상과 집중 연습을 혼동하는 사람이 많습니다. 사실 집중법은 여러 가지 많이 있습니다. 만트라나 화두에 집중하거나 호흡에 집중하거나 숨을 세는 것 같은 것들 말입니다. 모두 타당한 방법이고 그런 방법들이 나를 접촉하도록 이끌어주기도 합니다. 그런 방법들은 수행자를 나에게로 이끌어줄 수 있지요. 다시 말해서,

호흡명상을 하는 사람이 호흡과 완전히 하나가 되어서 숨 쉬는 자가 없어지고 지켜보는 자도 따로 있지 않게 되고 오로지 숨 쉬는 행위만 남게 되면 그 상태가 바로 나입니다. 거기에 내가 있습니다. 그러니까 그런 명상법도 하나의 방법입니다. 최고의 방법이라고는 생각지 않습니다만, 내게로 다가오는 하나의 방법입니다. 호흡을 셈으로써 자신이 그 세는 행위 자체, 혹은 그 숫자 자체, 혹은 그 숨 자체가 될 때까지 마음을 집중시킬 수 있지요.

선불교에는 공안이라는 퍼즐이 있는데, 공안을 품고 앉아서 그 공안과 하나가 되면 그들은 내가 될 수 있습니다. 선불교에서 사용하는 공안의 하나인 무無자 화두를 한 번 살펴봅시다. 전통적으로 수행자들은 무에 집중하여 무와 하나가 되라는 가르침을 받지요. 예, 그렇게 할 수 있습니다. 하지만 대개는 시간이 걸리지요. 때로는 몇 년이나 걸립니다. 그러다 어느 시점에서 집중하는 사람과 집중의 대상이 합쳐집니다. 어떤 것에 충분히 오랫동안 집중하다 보면 주체와 객체 사이의 구분이 사라지고 주체와 객체가 진정으로 하나가 되는 상태에 이릅니다. 그것이 존재의 밑바탕의 진정한 상태입니다. 그리하여 주체/객체, 곧 이원적 구분은 사라지고, 그들은 무가 됩니다.

하지만 무자 화두를 푸는 훨씬 더 간단한 방법이 있습니다. 엉뚱한 쪽에서 헤매거나, 계속 달아나는 무엇을 좇느라 여러 해를 낭비하지 않아도 되는 방법이지요. 즉 촉진자(이 경우엔 이 자아)가 단지 이렇게 요청하는 겁니다. "무의 목소리와 대화하고 싶습니다." 혹은 "무와 대화할 수 있을까요?" 그러면 무가 대답합니다. "네, 내가 무입니다." 물론 이제 당신은 무로서 앉아 있는 것입니다. 그리고 그 즉시 — '즉시'도 아니고 '그와 동시에'가 더 맞겠군요 — 앉아 있는 자, 걷는 자, 먹는 자, 커피를 마시는 자, 말하는 자, 듣는 자가 다 무가 됩니다. 누가 듣는냐고요? 무가 듣습니다. 새들이 무이고 커피가 무이고 다른 소리들도 다 무입니다. 그것들 모두가 나입니다. 그것들 모두가 무입니다.

사람들은 이 이분법을 붙들고 오랜 세월을 씨름합니다. 그런 노력 속에서도 많은 것을 배울 수 있으니까 그것을 시간 낭비라고만 말하지는 않겠습니다. 하지만 그것이 시간을 가장 잘 활용한 예라고 할 수는 없겠죠. 이렇게 말해봅시다. 같은 사람이 무, 혹은 빅 마인드, 곧 큰 마음을 얻고 붙잡아서 성취하려고 애쓰는 대신 그 오랜 세월을 이미 그것이 된 상태로 앉아서 지낼 수도 있단 말입니다.

또 다른 유명한 공안에서는 한 스님이 스승에게 가서 묻습니다. "스승님, 달마대사가 동쪽으로 오신 까닭이 뭡니까?" 스승은 말합니다. "뜰 앞의 잣나무니라." 이제 제자는 앉아서 그 뜻을 이해하려고 오랜 시간을 보냅니다. 하지만 그것은 이성으로는 해결할 수가 없지요. 그렇다고 이성으로 그 문제를 이해하려고 오랫동안 애쓰는 것이 아무런 가치도 없을까요? 물론 가치가 있습니다. 이원적이고 이성적이고 관념적이고 분석적인 마음으로 실컷 매달려서 고심하다 보면 결국은 그 끝이 옵니다.

하지만 그저 이렇게 요청하기만 해도 됩니다. "뜰 앞의 잣나무와 대화할 수 있을까요?" "네, 내가 그 잣나무입니다." "그럼 그 잣나무를 보여주세요." 그럼 잣나무는 일어서서 양팔을 펼치며 말할 겁니다. "내가 잣나무입니다." 그렇습니다. 이 방법이 "스승님이 도대체 뭐라시는 거지? 뭘 원하시는 거야? 그게 어떻게 잣나무 따위가 될 수 있어?"라며 끊임없이 물어대는 이성적인 마음과 씨름하는 것보다 훨씬 더 간단하고 직접적입니다. 간단히 "뜰 앞의 잣나무와 대화할 수 있을까요?"라고 묻고, 그 잣나무와 자신을 동일시하여 그 잣나무가 되는 것이 지름길인 것 같습니다. 사실은 말조차 필요 없습니다. 나는 그냥 일어나 두 팔을 펼칩니다. 나는 그 잣나무입니다. 보세요!

초월적 지혜

촉진자: 이제 '분별없는 목소리' 혹은 '초월적 지혜'와 대화할 수 있을까요?

초월적인 지혜: 좋습니다. 내가 그 지혜입니다.

촉진자: 초월적인 지혜란 어떤 지혜입니까?

초월적인 지혜: 나는 에고의 몸부림을 버렸습니다. 나는 신뢰, 그것도 완벽한 신뢰에서 나왔습니다. 나는 열려 있고 자비와 사랑으로 가득합니다. 나는 분별하지 않습니다. 추한 것보다 아름다운 것을, 당신보다 나를, 당신의 생각보다 나의 생각을 더 좋아하지 않습니다. 나는 모든 것을 있는 그대로 봅니다. 나는 이것보다 저것을 더 좋아하지 않습니다. 나는 고르지도 가리지도 않습니다.

나는 모든 것이 나이고 내가 모든 것임을 아는 지혜이기도 합니다. 생겨난, 혹은 존재하게 된 모든 것과 태어나지도 죽지도 않는 것, 모두가 나입니다. 나는 모든 형체이자 동시에 형체가 없습니다. 나는 공空이고 형체(色)도 공입니다. 공이 곧 형체입니다.

방편

촉진자: 이제 '방편'의 목소리와 대화할 수 있을까요?

방편: 나는 방편입니다. 나의 장점은 언제나 가능한 한 가장 효과적인 방법으로 목표를 성취한다는 것입니다. 모두에게 어떤 논점을 이해시키고 싶다면 나는 저항과 갈등을 최소한으로 줄이는 방법으로 그 일을 할 겁니다.

겐포는 저잣거리의 일상 속에서 진실한 태도로 방편을 따라 행동하면 일을 훨씬 더 성공적으로 해낼 수 있다는 것을 알게 됐습니다. 나는 상대방에게 저항을 일으켜 마음속에 나에 대한 벽을 쌓지 않도록 하면서 내가 원하는 것을 요청하는 방법을 잘 압니다. 상대방에게 괜히 갈등이나 경계심을 불러일으킬 필요는 없습니다. 그런 것들은 불러일으켜 봤자 내 목적만 훼방할 테니까요. 어떤 태도로 요청하느냐에 따라 세상을 바꿔놓을 수도 있습니다. 나는 분노나 적대감을 야기하지 않으면서 사람들에게 내가 원하는 것이나 희망하는 것을 말할 수 있습니다. 나는 사람들이 내 마음을 읽을 수 있다고 하는 텔레파시를 믿지 않습니다. 나는 그들이 내가 뭘 바라는지를 알아차려 주기를 기대하지 않고 내가 원하는 것을 부탁하는 법을 압니다. 나는 또 사람들이 원하는 게 무엇인지를 내가 요술처럼 알아차리기를 기대하지 않고 그들에게 원하는 것이 무엇인지를 물어볼 줄도 압니다. 사실 겐포는 그것을 몇 년 전에 경영 전문가인 피터 드러커의 워크숍에서 배웠습니다. 덕분에 일과 삶에서 큰 도움을 받고 있지요.

나는 사람들의 깨달음과 깨어남을 일으키기 위해 나의 모든 방편을 잘 활용하고 나의 지혜와 자비를 능숙하게 적용합니다. 나는 때로는 '방편'이 되기도 하고, 때로는 노골적인 속임수가 되기도 합니다. 나는 지혜와 자비와 깨어남과 깨달음을 불러올 수만 있다면 뭐든지 할 것입니다. 겐포는 자신의 빅 마인드 과정과 그의 다른 모든 가르침을 다듬기 위해서 끊임없이 나에게 의지합니다.

　나의 목적은 언제나 깨어 있는 의식상태를 일깨우는 것입니다. 그런 의식상태에 도달하면 우리는 우리가 모두 하나이면서도 서로 달라서 한 사람 한 사람이 절대적으로 독특하다는 사실을 인식하게 되고, 진정 민주적인 사고방식이란 우리가 모두 똑같다고 생각하고 각자가 지닌 차이를 무시해버리는 것이 아니라는 사실을 알게 됩니다. 다시 말해서, 내가 알기로 평등이란 키가 7피트인 사람의 다리를 잘라서 키가 5피트인 사람에게 나눠주어 평등하게 만드는 것이 아니라는 말입니다. 나는 키가 7피트인 사람을 7피트의 사람으로 인정하고 5피트인 사람을 5피트의 사람으로 인정합니다. — 그 둘은 절대적으로 평등하지만 여전히 서로 달라서 독특합니다.

　나는 그렇게 개인을 인정하고, 사람들이 부모는 부모이고 아이는 아이임을 알고 인정할 수 있도록 돕는 데 최선을 다하려고 합니다. 아이들의 아이다움과 부모들의 부모다움은 절대적으로 동등합니다. 하지만 나는 여전히 그 둘의 차이점도 인정합니다. 스승과 제자 사이도 마찬가지입니다.

의도

촉진자: 의도의 목소리와 대화할 수 있을까요?

의도: 네, 제가 의도의 목소리입니다.

촉진자: 자신에 대해 말씀해주세요.

의도: 나는 겐포가 하나의 의도를 품을 때, 혹은 뭔가를 성취하겠다는 맹세 같은 것을 할 때 대개는 그렇게 의도하는 것을 통해서 자신의 한계를 계속 확장시키고 또 그것을 뛰어넘을 수 있게 된다는 것을 알게 되었습니다.

겐포는 지구의 의식을 변화시키고 모든 존재들이 깨어나는 일을 도와 최대한 의식이 명료하고 자비롭고 친절한 사람이 되기를 염원합니다. 그는 우리가 모두 하나임을 아직 깨닫지 못한 사람들이 우리가 모두 한 배를 타고 있다는 사실을 깨닫고, 이 지구에서 지금 우리가 직면하고 있는 심각한 상황이 무지에 따른 두려움과 탐욕과 미움 때문임을 깨닫도록 돕고 싶어합니다.

힘

촉진자: 힘의 목소리와 대화할 수 있을까요?

힘: 좋아요. 내가 힘의 목소리입니다.

촉진자: 자신에 대해 말씀해주세요.

힘: 나는 힘입니다. 모든 존재에 대해 언제나 자비로써 행동하는, 깨어난 도道를 실현시키는 능력입니다. 나는 내가 힘을 추구하는 목

소리가 아님을 압니다. 왜냐하면 나 자신이 그 힘이기 때문입니다. 우리는 우리가 아닌 것 혹은 우리가 갖지 못한 것만을 추구하지요.

나의 힘은 모든 주어진 상황에서, 필요하다면 무슨 수를 써서라도 그 깨어난 도를 구현합니다. 상냥하고 사려 깊게 사랑하고 포용하기도 하고, 필요하다면 가차 없이 동정하거나 엄한 사랑을 드러내면서 말입니다. 나의 강한 힘은 모든 것은 공하고 실체가 없으며, 형체가 곧 공이자 공이 곧 형체이며, 번뇌가 곧 보리이자 보리가 곧 번뇌이며, 고통이 곧 열반이자 열반이 곧 고통임을 깊이 깨닫고 깨어서 알고 있음으로부터 나옵니다.

인간으로 사는 한 고통은 피할 수 없으므로 나는 인간으로 살며 고통을 겪어내기를 의식적으로 선택합니다.

나는 상황에 저항하거나 극복하는 힘이 아니라 인간이 처하는 낱낱의 상황과 감정 속에 거하는 힘입니다. 나는 불안의 지혜를 깨닫습니다. 다시 말해 나의 힘은 우리에게 안정이란 없고 의지할 것도 기대할 것도 없음을 깨달은 데서 나옵니다. 모든 것이 덧없습니다. 세상에서 가장 견고한 것처럼 보이는 것들조차 실은 끊임없이 변해가고 있습니다. 우리는 우리 외부의 것들에, 심지어는 우리 내부의 것들에도 의지할 수 있다고 생각합니다. 하지만 깊은 깨달음을 통해 안전이란 존재하지 않음을 발견하지요.

그런 깨달음이 나로 하여금 순간에 살고 바로 여기에 유연하게 현존할 수 있는 자유를 줍니다. 나는 무엇에 쉽게 집착하지도, 사람들이나 생각이나 관념에 의존하지도 않습니다. 덕분에 나는 사람들을 사랑하고 생각과 관념을 가지되, 그것을 소유하거나 통제할 수 있으리라는 기대도 희망도 없이 그렇게 할 수 있습니다.

덕분에 겐포는 힘이 대단해졌습니다. 그런 힘은 올바로 인식하지 않으면 오용되기가 쉽지만요. 사신의 힘을 갖지 못한 사람들, 다시 말해 자신의 힘을 올바로 인식하지 못하는 사람들이 나를 오용하기 쉬운 것 같습니다. 권력은 부패한다, 절대 권력은 절대적으로 부패한다는 말이 있는데, 정말이지 사실입니다.

내가 올바로 인식될 때 나를 내면의 목소리로 소유하고 존중하는 사람들은 내가 해낼 수 있는 일에 대단한 경의를 표합니다. 나는 긍정적인 일도 부정적인 일도 실현할 수 있고, 건설적인 일도 파괴적인 일도 실현할 수 있습니다. 나는 변화의 힘으로 변신해서 국가들, 심지어는 온 세계를 바꿔놓을 수도 있습니다. 반대로 전쟁과 집단학살을 일으켜 모든 것을 파멸시킬 수도 있습니다. 나에 대한 인식과 존중이 부족할수록 나는 더 은밀한 방식으로 나타날 것입니다. 권력과 지위를 갖고 있는 사람들이 나를 제대로 인식하는 것은 정말로 중요합니다.

궁극의 지혜

촉진자: 궁극의 지혜와 대화하도록 허락해주시겠습니까?
궁극의 지혜: 접니다.
촉진자: 자신에 대해 말씀해주시겠습니까?
궁극의 지혜: 궁극의 지혜로서 나는 '분별하는 지혜'와 '분별없는 지혜'를 둘 다 포함하고 둘 다 초월합니다. 삼각형 다이어그램을 보면 나는 그 꼭대기에 있습니다. 보통의 지혜와 분별없는 지혜가 그

아래의 양쪽에 있습니다.

나는 궁극적 실재라고도 불리고 초월적 실재라고도 불립니다. 나는 이원성과 비이원성 너머로 갑니다. 나는 어떤 것을 선호하지는 않지만 고통을 보면 고통을 덜어주고 불의를 보면 정의를 가져다주기 위해 최선을 다합니다.

나는 모든 상황과 환경에서 언제나 자비롭게 행동하는 지혜입니다. 자비가 나의 역할입니다. 나는 옳고 그른 것을 알지만 그것이 절대적인 구분이 아님도 압니다. 모든 것이 상대적입니다. 모든 것이 조건과 환경에 따라 늘 달라집니다.

촉진자: 당신과 이 자아와의 관계는 어떻습니까?

궁극의 지혜: 나는 이 자아이기도 하고 이 자아가 아니기도 합니다. 다시 말하면 나는 참 자아(True Self)라고 부를 만한 것입니다. 아니면 자아와 무아 그 너머에 있는 것이라고 할 수도 있습니다. 나는

개인적인 자아뿐만 아니라 빅 마인드도 체현합니다. 나는 '유일무이한 자아', '자유자재한 온전한 인간 존재'와 같습니다. 나는 평상심이고 평상심이 곧 도입니다. 하지만 여기서 '평상'이란 일반적으로 쓰이는 의미의 평상이 아닙니다. 나는 평범과 비범 양쪽 다입니다. 나는 너무나 완벽하게 평범하고 단순해서 비범합니다. 나는 평상심이고, 도입니다. 나는 그 둘을 다 포함하고 둘 다 초월합니다.

흔히 아는 것이 힘이라고들 말합니다. 자아의 모든 측면들, 모든 목소리들이 저마다 자기만의 본래적인 지혜를 갖고 있습니다. 그러니까 모든 목소리가 말을 할 수 있게 허락만 한다면, 모든 목소리를 인정하고 존중하기만 한다면 인간 존재는 훨씬 더 건강하고 행복하고 즐거운 삶을 살 것입니다. 그 어떤 측면이든 부인하거나 억압할 때, 우리는 자신과 상대방 양쪽 모두에게 문제를 만들어내고 있는 것이지요.

모든 아이가 그렇듯이, 모든 것은 존재할 권리를 갖고 있습니다. 모든 고용인이 자신의 직위와 할 일과 역할을 알고 누구를 위해서 일하는지도 안다면 회사든 기업이든 번창할 것이고 최적의 상태로 탁월하게 기능할 것입니다.

나는 영구적이고 확고한 것이란 없고 모든 것이 매 순간 유동하며 시시각각 변해간다는 것을 잘 압니다. 어떤 것은 빨리 변해서 지각할 수 있고 어떤 것은 매우 느리게 변해서 지각되지 않기도 하지만 영원하고 확고한 것은 아무것도 없습니다. 모든 것이 서로에게 의존하면서 다른 모든 것과 연결되어 있습니다. 누구도 독불장군으로 살 수는 없습니다.

자신의 필멸성과 무상함을 인정할 때 우리는 나날이, 매 순간 온전히 그리고 완전히 감사할 수 있습니다. 나는 인과의 법칙을 의식하고 알고 있습니다. 사실 인과의 법칙을 이해하고 인식하는 것이 곧 선禪 혹은 선의 지혜입니다.

나는 단순명료하고 논리적이지만 그렇다고 체현하기가, 혹은 그렇게 살기가 쉽지만은 않습니다. 나는 매우 유용합니다. 절대적으로 유용합니다. 나는 이것도 아니고 저것도 아닙니다. 나는 단호하게 분별하는 지혜입니다. 나는 지혜 그 최고의 적용이자 가장 심오한 적용입니다. 나는 모든 것을 있는 그대로 보고, 나의 그런 명료한 관점으로부터 모든 것과 관계합니다. 나는 사물을 이원적으로 바라보는 것과 비이원적으로 바라보는 것 양쪽을 다 넘어섭니다. 나는 진정한 초월자입니다. 나는 날이 뜨거우면 그늘을 찾거나 겉옷을 벗습니다. 배가 고프면 먹고 피곤하면 쉬거나 잠을 잡니다.

8

깨어난 마음의 여덟 가지 자각

욕망 거의 없음

궁극의 지혜: 그렇게 하시지요.

욕망 거의 없음: 욕망은 번식과 종의 유지에 절대적으로 필요합니다. 하지만 갈망, 열망, 집착처럼 욕망도 불만과 실망과 괴로움의 원인입니다. 욕망을 포용하면서 동시에 초월한 존재인 나에게는 욕망을 가지는 것도 중요하고 내가 가진 것과 나에게 오는 것에 만족할 줄 아는 것도 중요합니다.

겐포는 원하고 바라는 것을 항상 다 얻지 못하지만, 나는 언제나 그가 얻는 것을 원합니다. 그는 필요한 것은 항상 얻지만 원하는 것을 항상 얻지는 못합니다. 나는 매우 의식적으로 욕망을 선별하고, 그 욕망의 충족에 지나치게 집착하지 않도록 주의합니다. 특정한 욕망이나 결과에 너무 집착하면 그는 반드시 실망하고 괴로워하게 됩니다. 너무 많이 원하는 것이 어떤 결과를 부를지를 그가 늘 알고 있게 하는 것이 나의 일입니다. 나는 그가 조화롭고 평화로운 세상같이, 이 생에서는 불가능할지도 모르는 것들을 원하더라도 그것을 허락해줍니다. 나는 그런 것들이 이 생에서는 실현되지 않을지도 모르지만 그로 하여금 그 자신보다 더 원대한 것을 향해 나아가게 하고 그에게 목적의식을 주므로 그것은 지향할 만한 이상 혹은 열망이라고 생각합니다. 그는 그렇게 특정한 방향으로 나아가고자 노력하기를 즐기지만 그 결과에 집착하지는 않습니다.

겐포도 좋은 음식을 먹고 싶어하고 때로는 건강한 음식을 먹고 싶어하는 것 등, 비교적 무해하고 쉽게 충족될 수 있는 욕망을 가지고 있는데 이런 욕망은 그에게 아무런 문제도 일으키지 않습니다. 다만 나는 철저한 식사법은 허용하지 않고 있습니다. 겐포는 젊었을 때 음식을 많이 가려서 자신에게나 다른 사람들에게 말썽을 일으켰었지요. 그때 그는 엄격한 채식주의자였고 술은 절대 입에 대지 않았습니다. 이제 나는 그가 적당히 현명하게만 한다면 원하는 대로 먹고 마시게 합니다. 그는 이제 더 이상 이 문제로 나에게 저항하지는 않지만 늘 그랬던 것은 아니에요.

그는 지난 몇 년 동안 많이 성숙해졌습니다. 이제 모든 일을, 심지어 자신이 원하지 않았던 일조차 하나의 가르침으로 봅니다. 그리고 같은 잘못을 반복하는 것보다 가능한 한 빨리 교훈을 배우는 것이 더 현명한 일임을 잘 압니다. 인과의 법칙을 부인하거나 무시하면 우주가 피드백을 줍니다. 그 피드백에 주의를 잘 기울이세요. 그러면 우주로부터 자꾸 더 많은, 혹은 더 큰 피드백을 받지 않아도 될 겁니다. 이것이 지혜입니다. 자신이 인과의 법칙 위에 있다고 생각지는 마세요. 그런 사람은 없다는 것을 알게 될 겁니다.

촉진자: 정말 감사합니다.

만족할 줄 앎

촉진자: 당신에게 만족할 줄 아는 법에 대해 물어봐도 될까요?

만족할 줄 앎: 네, 물론입니다. 그것이 지혜니까요! 이 생에서 자신이 가진 것과 받은 것에 만족할 줄 아는 것이야말로 지혜입니다. 나는 욕망이 거의 없이도 잘 지내고 있습니다. 나는 나에게 주어진 것들에 쉽게 만족합니다. 나는 삶과 그 삶이 제공하는 모든 것에 감사합니다. 세상 돌아가는 일에는 저항할 일이 별로 없습니다.

나는 인과의 법칙(카르마)을 믿습니다. 나는 있는 그대로에 순종합니다. 혹은 있는 그대로를 인정한다고 할 수도 있습니다. 그러고 나서 이 자아와 다른 사람들을 위해 그 상황을 향상시키려고 노력합니다. 사실 나는 이 지구상의 조건들을 향상시키고 싶습니다. 그 이유는 바로, 내가 있는 그대로의 상태에 만족할 줄 알기 때문입니다. 불평하고 하소연하는 대신 나는 세상의 상황을 향상시키기 위해 진정으로 뭔가를 합니다. 대부분의 사람들은 정확히 그 반대지요. 내가 뭔가를 진정으로 변화시킬 수 있는 것은 오로지 내가 만족할 줄 알고 자신을 희생자가 아닌 힘을 지닌 자로 느끼는 법을 알기 때문입니다. 필 맥그로 박사의 말처럼, 자신이 받아들이지 않는 것을 변화시킬 수는 없습니다.

고요를 즐김

고요를 즐김: 나는 고요를 즐깁니다. 나는 스스로 고요한 상태로 있는 것과 고요한 환경 속에 있는 것 양쪽을 다 정말 좋아합니다. 나는 명상하며 앉아 있는 것, 물가, 해안가, 호숫가, 강가를 사랑합니다. 나는 사막과 산 속에서 시간 보내기도 즐깁니다. 하와이는 내가 가장 좋아하는 곳이라 자주 갑니다. 특히 마우이 섬을 좋아합니다.

그렇다고 활동하기를 싫어하는 것도 아닙니다. 어디에 있든 상관없이 내면의 고요를 끌어올릴 수 있으니까요. 오랜 참선으로 가능해진 일이지요. 나는 마음이 고요하고 조용해서 어디에 있든 고요함을 즐길 수 있습니다. 심지어 뉴욕, 파리, 도쿄 같은 정신없는 대도시의 한복판에서도요. 이것은 욕망을 갖지 않는 것과 가진 것에 만족할 줄 아는 것처럼 내 지혜의 한 측면입니다. 마음이 고요하고 평온하기 때문에 나는 정말 어디에 있든지 집에 있는 것 같습니다. 조용한 파티와 모임과 레스토랑을 선호하기는 합니다. 조용하지 않아도 괜찮지만 시끄럽고 떠들썩한 곳보다는 조용한 곳을 선호합니다.

성실함

성실함: 나는 성실합니다. 나는 정직하고 끈질깁니다. 나는 무슨

일을 하든 백 퍼센트 이상 전념합니다. 뭐든 내 몸과 마음과 영혼, 내 전부를 주며 노력합니다. 나는 나무를 하나도 남김 없이 재로 만들어 버리는 완전한 모닥불이라고 할 수 있습니다. 무슨 일을 하든지 완벽하고 철저하고 말끔하게 처리합니다.

무슨 일을 하든 내 가슴과 영혼을 모두 주기 때문에 나는 기쁨이 넘칩니다. 내 전부를 준다고 해서 그렇게 하기 위해 중압감을 느끼는 것은 아닙니다. 노력조차 하지 않습니다. 나는 완전하고 완벽한 헌신입니다. 약속을 했다면, 혹은 프로젝트를 하나 시작했다면 나는 그것을 끝까지 해냅니다.

이 생에서 성취할 수 없는 것조차 나는 성실히 노력합니다. 세상의 의식을 변화시키겠다는, 겐포가 맹세한 일 같은 것 말입니다. 때로 나의 성실함은 찻숟가락으로 눈을 퍼서 바닥이 보이지 않는 우물을 채우려 드는 것처럼 보입니다. 또는 숲 속에 있는 자신의 둥지가 불타고 있는 것을 본 작은 새가 그 엄청난 산불을 끄려고 지쳐서 불속으로 추락할 때까지 근처 호수의 물을 부리에 머금고 끊임없이 왔다 갔다 하는 것과도 같습니다.

사려 깊음

촉진자: 이제 당신의 사려 깊은 측면과 대화할 수 있을까요?

사려 깊음: 네, 나는 사려가 깊고 무슨 일을 하든 그 일이 다른 모든 사람과 다른 모든 것들에 미칠 영향을 생각하고 우리가 모두 연결되어 있고 상호의존하며 서로 관계한다는 것도 잊지 않습니다. 동시

에 우리는 모두가 서로 다르고 각자는 절대적으로 독특합니다. 우리 각자가 온 우주이고 지금 모습 그대로 절대적으로 완벽합니다. 그리고 동시에 우리는 모두 불완전하고 저마다의 결점과 단점을 갖고 있습니다. 다른 사람의 잘못을 발견하고 비판하고 비난하는 것은 세상에서 제일 쉬운 일입니다. 엄밀하게 말하면 세상에 비판과 비난에서 자유로운 사람은 아무도 없으니까요.

　나는 모든 것이 공하여 실체가 없고 무상하다는 것을 알지만 내가 하는 일은 다 중요하며 시공간을 통해 타인에게 영향을 준다는 것도 잘 압니다. 관점을 바꾸면 나의 태도가 바뀌고 그러면 나와 내 주변 사람들이 바뀝니다. 내가 부정적이면, 그리고 두려움이나 분노에 휘둘려 행동하면 사람들에게 어떤 영향을 미치게 되어 있습니다. 내가 긍정적이고 친절하고 좀더 이타적이 되면 그때는 또 사뭇 다른 영향을 사람들에게 미칩니다. 나는 뭔가에 집착하거나 어떤 관점에 빠지지 않고 유연성을 유지하는 것이 중요함을 잊지 않습니다. 모든 관점에는 타당성이 있지만 그것은 오직 부분적인 타당성일 뿐입니다. 그 어떤 관점도 완전할 수 없고 진리일 수 없습니다. 그리고 나는 집착이 괴로움을 낳는다는 것을 잘 알고 집착하지 않는 것에 대한 집착조차도 하지 않으려고 합니다.

명상

촉진자: 명상의 목소리와 대화할 수 있을까요?

명상: 내가 명상의 목소리입니다. 나는 많은 것이 될 수 있습니

다. 나는 초점과 집중이라고 할 수도 있고 평정과 평온이라고 할 수도 있습니다. 나는 고요라 할 수도 있고 마음의 평화라 할 수도 있습니다. 때로 나는 호흡이나 공안 같은 것에 집중하기도 하고 또 때로는 호흡을 세기도 합니다. 나는 주관과 객관의 구별이 모두 사라지고 모든 존재와의 합일이 실현되는 깊은 명상이라고 할 수 있습니다. 나는 겐포에게 진정한 휴식과 평화의 가능성을 제공합니다.

명상의 가장 높은 경지이자 가장 심오한 형태로서의 나는 추구하지도, 파악하지도, 생각하지도 않는 마음입니다. 앉아 있을 때 나는 목표도 목적도 없습니다. 나는 아무것도 추구하지 않습니다. 그 어떤 미묘한 방식으로도요. 나는 생각하는 것과 생각하지 않는 것을 양쪽 다 포용하고, 그것을 초월합니다.

나는 생각이 스스로 오고 가도록 놔두고 그 어떤 생각도 좇아가지 않습니다. 그 어떤 생각도 억누르거나 부인하지 않습니다. 생각은 단지 왔다가 자유롭게 가고, 나는 그 어떤 생각으로부터도 방해받지 않습니다. 그것들을 공한 것으로, 또 지혜가 발현된 것으로 보니까요. 그것들을 좋거나 나쁜 것, 옳거나 그른 것, 이런 것 혹은 저런 것이라고 판단하지 않습니다. 그 모든 것이 빅 마인드의 현현입니다.

빅 마인드로서 나는 이것이 저것보다 나아 보인다는 식으로 분별을 하지 않습니다. 나는 경계나 벽 없이 앉아 있고 전적으로 평화롭고 안온한 상태에 있습니다. 나는 집중하려 하지 않지만 오롯이 집중되어 있습니다. 나는 그러려고 애쓰지 않지만 중심 잡히고 안정되어 있습니다. 나는 빅 마인드이고 나의 밖이나 나의 너머에는 아무것도 없습니다. 나는 곧 의미(point)이지만 나는 완전히 무의미(pointless)

합니다. 앉아 있을 때, 나는 그저 있음(just being)과 무위(non-doing)의 완벽한 구현입니다.

지혜

지혜: 내가 지혜의 목소리입니다. 나는 초월적 지혜와 일상적 지혜의 통합입니다. 추울 때 따뜻하게 하고 더울 때 시원하게 할 줄 안다는 뜻입니다. 나는 배고프면 먹고 목마르면 마시고 피곤하면 쉽니다.

나는 매우 기본적인 일들을 할 줄 알고 그래서 이 생을 살고 있는 이 자아에게 도움을 줍니다. 그리고 나는 우리가 모두 연결되어 있고 서로에게 의지한다는 것도 알고, 내가 하는 모든 일이 다른 사람들에게 영향을 준다는 것도 잘 압니다. 때로 그 영향은 우리의 인식을 넘어 매우 멀리까지 나아가기도 합니다. 나는 카르마와 인과의 법칙을 알고 이해합니다. 그가 생각하고 말하고 하는 모든 일에 그 결과가 따른다는 것을 잘 압니다.

나는 자신의 관점에 맞게 행동하는 것이 대단히 의미 있는 일임을 잘 압니다. 그래서 나는 내가 진실이라고 알고 있는 것을 말하고, 내가 옳다고 알고 있는 일을 하고, 세상에 기쁨과 행복을 가져다주는 방식으로 생각하려고 노력합니다.

나는 나의 인식이 항상 부분적이고 결코 완전하지 못하다는 것을 잘 알고, 그래서 굳이 옳고자 할 필요도 없음을 잘 압니다. 그 어떤 사람을 판단하려면 먼저 그 사람의 신발을 신고 몇 킬로미터는 걸어 봐야 한다는 말을 나는 이해합니다. 그리고 모두 — 혹은 거의 모두 — 가 고난 속에서 가능한 한 최선을 다하고 있으며 우리 중 누구도 선하기만 하지도, 나쁘기만 하지도 않음을 잘 압니다. 마음만 먹으면 누구든 비판할 수 있습니다. 그리하여 그 대상에게 해를 입히고 세상에 많은 부정적 에너지를 불어넣겠죠.

사실 우리가 지금까지 대화해온 목소리들 모두가 저마다의 지혜를 갖고 있습니다. 모두가 부정적인 측면과 긍정적인 측면을 갖고 있습니다. 자아를, 혹은 자아의 특정한 측면들을 억압하면 심각한 결과가, 심지어는 병적인 결과가 생길 것입니다.

모든 측면, 즉 모든 목소리는 그 각자의 목소리를 내고 인정받을 권리를 갖고 있습니다. 진짜 자아란 없고, 자아의 진짜가 아닌 측면도 없습니다.

주의 깊게 말함

촉진자: 이제 주의 깊게 말하는 목소리와 대화해도 될까요?

주의 깊게 말함: 말은 매우 강력한 것으로서, 좋게 작용할 수도 있고 부정적으로 생각 없이 사용되면 파괴적으로 작용할 수도 있습니다. 말을 통해 우리는 한 사람의 영혼을 깨울 수도 있고 누군가의 삶을 파괴할 수도 있습니다. 믿을 수 없을 만큼 많은 지혜를 쌓고 늘 깨어 살피고 자비로워야 말의 오용을 피할 수 있습니다.

모함이나 가십에 동참하는 것만으로도 한 사람의 인격이 아주 쉽게 의문시되고, 한 생명 혹은 심지어 많은 삶이 단번에 파괴될 수도 있습니다. 평생 공을 들여 형성한 어떤 사람의 인격이 아무렇게나 던진 모함성의 말 때문에 한순간에 파괴될 수 있습니다. 그런 일은 자신이 다른 사람들보다 더 낫다거나 도덕적으로 우월하다고 생각하는 독선 혹은 오만에서 일어날 수 있습니다. 자기부정이 극심하고, 자신도 가장 통탄할 만한 일을 할 수 있음을 부인하는 사람만이 쉽게 앞장서서 돌을 던지는 사람이 될 수 있습니다. "죄 없는 자가 먼저 돌을 던지라"고 했던 예수의 지혜는 위대했습니다.

때로 우리는 자신이 더 나은 사람인 것처럼, 더 중요한 사람인 것처럼 느끼고 싶어서 다른 사람을 깎아내립니다. 또 때로는 자신의 행동에 대한 책임을 회피하고 싶어서 타인의 잘못을 찾아내어 비난합니다. 찾으려고만 하면 누군가의 잘못을 찾아내기는 쉽습니다. 사람들에게 좋고 친절한 말을 하는 것이 오히려 더 어렵습니다. 하지만 사람은 누구나 자신에게 호의적이고 친절한 말을 듣고 싶어합니다. 사랑과 자비가 가득한 말은 성숙한 인간의 특징입니다. 모든 존재에 더 친절해지고 자비로워지는 것, 그리고 타인에게 사랑으로 말하는 것이 우리 인간이 궁극적으로 나아가야 할 길입니다.

9

더 나아가기

내가 자주 말하듯이, 빅 마인드 과정은 로켓을 만들어내는 과학이론이 아니다. 사실 빅 마인드 과정은 믿기지 않을 만큼 쉽고 간단하다. 하지만 "책만 읽고도 배울 수 있을까요?"라는 질문은 피할 수 없을 것이다. 그 대답은 "네, 그럴 수 있습니다"이다. 대부분의 사람에게는 이 과정을 마스터한 누군가의 안내를 받는 것이 이 과정을 시작하는 가장 쉬운 방법일 것이다. 하지만 경험 많은 촉진자를 만날 수 없어도 비디오와 오디오 레코딩(DVD와 CD)이 잘 되어 있으니 문제될 것이 없다. 이 책에서 인터뷰 녹음을 꼭 들어보도록 강조한 것도 그런 이유에서다.

이 책을 낸 이유는 모든 사람이 빅 마인드 과정을 접할 수 있게 하기 위해서다. 하지만 빅 마인드를 글을 통해 접하다가 빠지기 쉬운 함정 혹은 샛길 중 하나는, 책을 읽는다는 일 자체가 자연스럽게 관념화를 일으킨다는 점이다. 빅 마인드 과정 자체가 관념적인 마음 너머로 나아가는 데에 성패가 달려 있다고 해도 과언이 아닌데 말이다. 하지만 이 문제를 해결해줄 간단한 해독제로 내가 권하는 것이 있으니, 바로 명상이다.

빅 마인드 과정을 따르면서 앉아 명상은 하지 않는다면 빅 마인드 과정에서 얻은 경험을 탄탄하게 하고 체화하여 당신의 삶에 그 경험들을 정말로 구현하고 구체화하기가 쉽지 않을 것이다. 빅 마인드 과정은 멋진 도구이다. 하지만 그 어떤 수행법이라도, 그리고 제아무리 뛰어난 방편일지라도 그 자체로, 즉 그것만으로 충분한 경우는 없다. 그러므로 경험의 깊이를 더하기 위해서는 다른 수행법들도 아울러 활용하는 것이 좋다.

좌선은 우리의 진정한 본성 혹은 참자아를 우리 삶에 구현하고 통합하는 데 확실히 유용한 도구이다. 하지만 그 속에 갇힌 채 자신의 문젯거리를 뭉개고 앉아 있게 되기도 십상이다. 물론 절대적인 의미에서 본다면 그조차도 우리의 진정한 본성의 너무나 완벽한 구현이지만 우리의 삶은 여전히 엉망진창인 채로 남아 있게 될 수도 있다. 30년이나 좌선한 사람들 중에도 그 안에 꽁꽁 갇혀버린 나머지 대화하기조차 힘든 사람들도 있다.

그러니 좌선도 답이 아니다. 사실 답은 없다. 빅 마인드도 마찬가지다. 빅 마인드 과정도 우리가 도움을 받을 수 있는 하나의 방법이지 유일한 답은 아닌 것이다. 그러므로 좌선 명상과 빅 마인드 수행과 일상의 수행을 병행한다면 그중 한 가지만 수행할 때보다 자신의 진정한 본성을 실현하고 그것을 삶 속에 구체화하기가 훨씬 쉬워질 것이다.

진정한 본성을 삶 속에 더 잘 통합하려면 약간의 육체적 수련도 필요하다. 선가禪家에는 늘 할 일이 쌓여 있다. 수련으로 삼을 만한 일거리가 아주 많다. 오늘날 우리는 날마다 주로 앉아서 일을 하기 때문에 육체적 움직임을 동반한 수련도 어떤 종류든 필요하다. 헬스클럽에서 하는 운동, 달리기, 수영, 스키, 무술, 요가 등등 뭐든 상관 없다. 나는 당신이 이 중에서 어떤 특정한 것을 연마해야 한다고 말하고 싶지 않다. 운동은 뭐든 기분 좋게, 즐겁게 할 수 있는 것이어야 한다고 생각한다. 어떤 운동을 가장 열정적으로 할 수 있는지는 당신 스스로 찾아내기 바란다. 육체적 활동은 어떤 종류든 필요하니까 말이다. 정신의 기민함과 자각능력은 몸 상태에 좌우되기도 하기 때문이다. 몸이 아프고 무거우면 정신도 진정으로 기민한 자각상태가 되기가 쉽지 않을 것이다.

수행하는 방법

좌선 명상과 빅 마인드 둘 다 집에서 혼자 혹은 친구나 가족들과 함께 수행할 수 있다. 빅 마인드 수행을 위해서라면 이 책을 여러 번 충분히 정독한 후 이 책에 나온 목소리들에게 대화를 요청해보는 것도 하나의 좋은 방법이다. 책을 읽는 것이 빅 마인드 수행에 오히려 방해가 된다는 사람은 대화를 요청하는 문장을 스스로 녹음한 후에 듣는 방법도 있다. 빅 마인드 DVD를 구입하거나 미국 전역과 유럽 곳곳에서 개최되는 빅 마인드 워크숍에 참석하여 수행할 수도 있다. 빅 마인드 웹사이트(www.BigMind.org)를 방문하면 수행을 체화하는 데 도움을 줄 새로운 자료들과 워크숍 일정에 대한 정보를 얻을 수 있다.

빅 마인드 과정을 진행하면서 자가촉진법을 배우다 보면 촉진하는 자와 촉진받는 자 사이를 계속 왔다 갔다 하며 목소리를 바꾸는 법, 곧 관점을 전환하는 법을 금방 배우게 될 것이다. 기본적으로 그 것은 멋진 수행인데, 하나의 고착된 관점에서 벗어나는 법을 끊임없이 배우게 되기 때문이다. 그래서 나는 이 수행을 촉진자와 함께만이 아니라 당신 혼자서도 쏙 해보기를 진심으로 권장한다.

촉진자가 있다면 애쓰지 않고도 의식전환을 할 수 있으므로 그 방법을 곧 터득하게 된다. 혼자서 할 때는 전환된 상태에서 한 번 더 전환하는 법을 터득하게 된다. 그러므로 혼자서 하는 빅 마인드 과정은 마음을 정말로 해방시켜준다. 훌륭한 촉진자란 마음이 자유로워서 절대적으로 아무런 장애도 없는 사람이다. 즉, 촉진자와 그가 불러내는 마음의 상태(목소리) 사이를 자유자재로 끊임없이 왔다 갔다 하며 전환할 수 있는 것이다. 촉진자로서 당신은 어느 정도 객관적인 태도를 유지해야 하지만 동시에 당신이 불러낸 목소리도 온전히 혼자만 거기에 있어야 한다. 그렇지 않으면 당신이 촉진하는 모든 목소리들이 거기에 있는데 당신은 없게 되고, 그러면 일이 제대로 될 리가 없다.

빅 마인드 과정을 혼자서 할 수 있게 되면 놀라운 일이 벌어질 것이다. 빅 마인드 과정을 혼자서 할 수 있게 됐다는 말은 늘 자유워질 수 있다는 뜻이기 때문이다. 이 모든 것의 요지는 결국 항상 자유롭게 되는 것이다. 다른 말로, 붙었다 떨어졌다 붙었다 떨어졌다 하기를 자유자재로 하면서 갇혀 있지 않는다는 말이다.

그러므로 진보, 진화, 혹은 인생에서의 성취를 말할 때 그 요지는 끊임없이 움직여 나아가 확장해가고 커지고, 분명히 밝히고 발전하여 성숙해가는 것이다. 그 반대는 갇히는 것, 갇힌 상태에 머무는 것이고, 그 결과 성숙도 발전도 성취도 없고 진전도 없는 것이다.

좌선 시 몸의 자세

내가 느끼는 한은 앉는 자세가 그렇게 딱딱할 필요는 없을 것 같다. ─ 사실 나는 너무 딱딱한 자세에는 반대한다. 1970년대 초, 내가 로스앤젤레스 선 센터에서 수련할 때만 해도 척추를 완전히 곧추세운 채 아주 똑바로 앉아 있어야만 했는데, 그것은 보기에도 아주 딱딱하고 거의 억지스러울 지경이었다. 긴장을 일으키지 않는 정말로 편하고 자연스러운 자세를 찾는 데는 나도 30년 넘게 걸렸다. 좌선은 하나의 기법이고, 다른 모든 기법과 마찬가지로 이 기법에도 연습이 필요하다. 로마는 하루아침에 만들어지지 않았다. 시간이 걸린다.

우리는 곧고 바른 자세를 원하지만, 그것은 딱딱하고 억지스러운 자세가 아니라 마치 아기들이 앉는 자세 같아야 한다. 아기들은 긴장하지 않고 편하게 앉지만 등은 척추 본연의 만곡 상태를 유지하며 자연스럽게 바른 자세를 유지한다.

방석에 앉든 의자에 앉든 바닥은 반드시 딱딱한 것이 좋다. 방석에 앉을 때는 양쪽 무릎이 바닥에 닿게 한다. 나는 한쪽 발이 다른 쪽 발 앞에 놓이는 버마 식 좌법을 가장 좋아한다. 완전 가부좌, 반가부좌, 반의 반 가부좌에서는 한쪽 다리가 다른 쪽 다리 위에 놓이게 된다.* 나는 이 모든 좌법을 다 연습해봤다. 완전 가부좌로는 10년 넘게 앉아봤다. 반가부좌와 반의 반 가부좌로는 15년 넘게 앉아봤다.

---

* 완전 가부좌는 양발을 다른 쪽 넓적다리 위에 올리는 자세이고, 반가부좌는 한쪽 발만 다른 쪽 넓적다리 위에 올리는 자세이다. 반의 반 가부좌는 한쪽 발을 다른 쪽 발목과 장딴지 위에 올리는 자세이고, 버마 식 좌법은 반의 반 가부좌에서 교차시켰던 발을 내려서 양발 모두 평행하게 바닥에 닿게 한 자세이다. 편집부 주.

그리고 지난 12년 동안은 버마 식으로 앉았다. 그렇게 모두 시도해 본 후, 나는 버마 식이 무릎과 발목에 부담을 가장 적게 준다고 생각하게 되었다. 하지만 버마 식도 제대로 하지 않으면 다른 좌법들보다 등에 부담을 더 많이 줄 수 있다. 그러니 자신에게 가장 편안한 자세를 찾아서 앉는 것이 중요하다.

의자에 앉는다면 바닥에 두 발이 완전히 닿게 해야 한다. 키가 작다면 방석이나 발판을 이용해야 할 것이다. 키가 크다면 의자에 방석을 깔고 앉아야 할 것이다. 무릎은 엉덩이보다 약간 낮은 위치여야 하고 두 발은 어깨너비로 뒤꿈치까지 바닥에 확실히 닿아야 한다. 그러면 안정성을 높이는 데 중요한 피라미드 효과, 혹은 트라이앵글 효과를 얻을 수 있다.

설명하기 어렵지만 매우 중요한 점이 한 가지 더 있는데, 자리를 잡을 때 몸통과 몸을 흔드는 동작을 하는 게 좋다는 것이다. 방석이든 의자든 자리에 앉을 때 두 손을 양 무릎에 손바닥이 위로 향하게 놓은 다음 몸을 좌우로 흔들어주라. 엉덩이를 한쪽으로 움직이면 몸통도 그쪽으로 움직이며 흔들리게 되고 머리는 반대 방향으로 움직이게 될 것이다. 마치 코브라처럼 척추로부터 목과 두개골에 이르기까지 큰 호와 작은 호를 그리며 움직이는 것이다. 이것은 자세가 좋아지게 할 뿐만 아니라 척추 운동에 정말로 좋다. 사실 요통 전문의와 침술사와 기공 강사까지 나에게 이 흔들기가 척추에 제일 좋은 운동이라고 말해주었다. 앉을 때와 일어날 때 두 번 하면 된다. 단, 일어날 때는 머리부터 아래로 흔들어 내려간다.

앉아 명상할 때마다 흔들기를 해보기 바란다. 나는 이 운동으로 내 척추와 목의 긴장을 한껏 풀어준다. 아래쪽 척추 끝부터 흔들어

척추를 거쳐 목과 머리로 올라가라. 명상이 끝난 후에는 순서를 바꿔서 작은 호로 머리부터 시작하여 큰 호를 그리며 척추 끝으로 내려가면 된다.

다음, 머리와 목을 똑바로 하고 코는 배꼽과 일직선상이 되는 곳에 둔다. 턱은 약간 낮추는 것이 좋지만 안으로 말려 들어갈 정도로는 하지 말라. 그저 살짝 낮춰서 턱이 튀어나오지만 않게 하라. 입은 다물고 혀는 입천장 앞쪽에 닿게 하고 입속의 공기나 침은 삼킨다. 그러면 침이 나와서 계속 삼키지 않아도 되게 될 것이다.

전통 선불교에서는 눈을 45도 각도로 내려 뜬 채 눈앞에 있는 것을 지긋이 응시하라고 한다. 이 방법이 괜찮다면 따라도 되지만 이것을 매우 어려워하는 사람들도 있다. 그럴 때는 편하게 눈을 감고 앉아도 괜찮은 것 같다. 좌선이 처음인데 눈을 감고 시작하면 공상이나 환상에 더 쉽게 빠질 수 있다는 단점이 있기는 하다. 그래서 선불교에서는 처음 10년 혹은 20년 동안은 눈을 감고 앉아서는 안 된다고 말한다. 나는 20년을 기다린 다음에야 눈을 감고 앉기 시작했다. 하지만 눈을 감을 때 마음이 더 쉽게 고요해진다고 말하는 사람들도 있다.

앞뒤 좌우 어느 쪽으로도 기울지 않은 채 똑바로 앉아야 한다. 로댕의 '생각하는 사람' 자세의 정반대라고 생각하면 된다. 좌선 자세는 '생각하지 않는 사람'의 자세이고, 몸과 호흡과 마음은 하나이고 서로 연결되어 있기 때문에 — 하나이면 당연히 연결되어 있다 — 이 자세는 호흡과 마음의 활동을 늦추는 데 도움이 된다. 바른 마음 상태에 있다면, 달리 말해서 '추구하지 않고 붙잡지 않는 마음' 상태에 있다면 그 상태가 호흡을 늦추는 데 도움을 주고, 그러면 똑바른 자세가 자연스럽게 유지될 것이다. 그때는 저절로 오래 앉아 있게 될 수밖에 없다. 적절한 호흡은 자세에 긍정적인 영향을 줄 것이고 마음에도 마찬가지다. 그것은 모두가 서로 연결되어 있다.

자세를 잡았다면 심호흡을 몇 번 하라. 코를 통해 천천히 숨을 들이쉬고 입술을 오므린 채 입을 통해 천천히 내쉰다. 그다음 다시 들이쉰다. 심호흡을 세 번 정도 반복한 다음 입을 다물고 자연스럽게 호흡한다. 그렇게 숨을 몇 번 쉰 뒤, 양손을 우주적 무드라mudra라 불리는 자세로 놓는다. 즉 오른손은 손바닥을 위로 한 채 허벅지에 놓고 왼손도 손바닥을 위로 한 채 그 위에 놓되 양손의 손등 안쪽 끝은 아랫배에 닿은 채 허벅지 위, 곧 배꼽 약간 아래에 놓이게 한다. 그리고 두 엄지손가락은 가볍게 서로 닿아야 한다. 억지로 뾰족 지붕 모양을 만들려고 손가락을 서로 압박하지는 말라. 두 엄지손가락의 위치는 배꼽 높이가 되어야 한다. 위치가 잘 맞지 않는다면 허벅지에 뭔가를 깔아서 맞출 수도 있다.

좌선 시 마음의 자세

어떤 상태가 명상에 가장 도움이 되는 마음 상태인지 알아보기 위해 '추구하지 않고 붙잡지 않는 마음'과 대화해보자.

촉진자: 명상에 매우 도움이 되는, 내가 생각하는 그 목소리와 대화할 수 있게 허락해주시겠습니까? 그 목소리의 이름은 '추구하지 않고 붙잡지 않는 마음'입니다. 지금 그 마음과 대화할 수 있을까요? 부

탁합니다.

추구하지 않고 붙잡지 않는 마음: 내가 추구하지 않고 붙잡지 않는 마음입니다.

촉진자: 당신은 왜 추구하지 않고 붙잡지 않는 마음이라고 불리나요?

추구하지 않고 붙잡지 않는 마음: 나는 아무것도 추구하지도 붙잡지도 않기 때문이죠.

촉진자: 왜 그렇죠?

추구하지 않고 붙잡지 않는 마음: 왜냐하면 나는 절대적으로 아무것도 부족한 것이 없기 때문입니다! 그래서 나는 추구하지도 않고 붙잡을 필요도 없습니다.

촉진자: 지금 제가 바라는 것은 당신이 그저 '추구하지 않고 붙잡지 않는 마음'으로 앉아서 아무것도 추구하지 않고 붙잡지 않고 있는 상태를 보여주는 것입니다.

추구하지 않고 붙잡지 않는 마음: 좋습니다. 그렇게 하겠습니다.

(침묵)

촉진자: 추구하지 않고 붙잡지 않는 마음으로 앉아 있는 것은 어떤 느낌입니까?

추구하지 않고 붙잡지 않는 마음: 놀랍습니다. 아주 놀랍습니다. 아무것도 추구할 것도 붙잡을 것도 없다는 느낌이 듭니다. 온전히 현존함을 느끼며 내가 곧 도이자 빅 마인드이고 빅 하트이고 순수한 존재임을 느낍니다. 이렇게 앉아 있을 때 나는 목표도 목적도 없습니다. 부족한 것도 과한 것도 없습니다. 아무것도, 그 무엇도 추구할 필요가 없습니다. 뭔가를 추구하기 시작하는 것 같으면 그저 그것이

왔다가 지나가게 내버려둡니다. 나는 아무것도 좇지 않습니다. 이해할 필요도 파악할 필요도, 분석 혹은 판단 혹은 평가할 필요도 없습니다. 나는 단지 앉아만 있습니다. 경계도 없습니다. 내가 모든 것입니다. 놀라워요. 멋집니다. 환희에 차고, 부족한 게 하나도 없는 느낌입니다. 이런 상태라면 오랫동안, 아주 오랫동안 앉아 있을 수 있습니다.

촉진자: 당신을 발견하는 것은 어렵나요?

추구하지 않고 붙잡지 않는 마음: 이 자아가 추구하고 파악하고 이해하기를 멈추려고 애쓴다면 결코 나를 발견할 수 없을 겁니다. 멈추려는 노력 그 자체, 즉 내가 되려고 애쓰는 것 자체, 그 노력 자체가 길을 막기 때문입니다. 그 대신 마음을 전환하여 내가 현존하도록 허용하면, 달리 말해서 나와 대화하기를 요청하고 "내가 '추구하지 않고 붙잡지 않는 마음'입니다"라고 확언하면 나는 그 즉시 현존하게 됩니다. 나에게 와야 하는 것이 아닙니다. 시간이 걸리는 문제도 아니고 가야 할 거리가 있는 것도 아닙니다. 그는 그저 추구하는 마음을 놓아버리고 나, 이 '추구하지 않고 붙잡지 않는 마음'과 자신을 동일시하기만 하면 됩니다. 그가 자신을 나와 동일시하고 나면, 내가 현존하기만 하면 더 이상 아무런 노력도 필요 없습니다. 그때 그는 바로 여기에 있습니다. 나는 그에게 모든 욕망과 추구와 바람과 갈망으로부터 떠날 수 있는 완벽한 휴가를 줍니다. 나는 모든 괴로움의 끝입니다. 나는 평화의 마음이고 열반의 마음입니다. 내가 열반입니다.

이 자아(젠포)와 다른 모든 자아들이 추구하는 것도 바로 나입니다. 그리고 나는 그가 내가 되어서 앉아 있을 때 완벽하게 나타납니다다. 그것은 단순히 앉는 자세의 문제만은 아닙니다. 똑바로 앉고 척추가 앞으로 굽지 않으면 그에게 도움이야 되겠지만 나는 그런 자세와는 상관이 없습니다.

촉진자: 그가 당신을 잃을까봐 두려워하면 어떻게 됩니까?

추구하지 않고 붙잡지 않는 마음: 그러면 그는 나를 잃게 됩니다. 바로 그 두려움으로 인해 자아가 들어서기 때문에 나를 잃게 되지요. 하지만 그는 다시 한 번 나와의 대화를 요청할 수 있고, 그러면 나는 금방 여기에 있을 겁니다. 나는 항상 여기에 있습니다.

좌선은 나의 진정한 본성, 혹은 그저 있음의 완벽한 구현입니다. 내가 그저 '추구하지 않고 붙잡지 않는 마음'으로 앉아 있을 때, 나는 그저 있음 자체입니다. 나는 미래에 있지도, 과거에 있지도 않습니다. 나는 순수한 자각상태 혹은 순수한 의식상태에 있습니다. 방석에서든 의자에서든 자리에서 일어날 때 정말로 중요한 것은, 그때 내가 '자유자재한 온전한 인간 존재'의 상태, 온전히 자각하는 상태, 매우 자연스러운 상태로 이동해 들어간다는 것입니다. 철학자 켄 윌버에 따르면 이런 통합된 존재 상태는 일종의 순수의식 상태인 유아의 전前의식(pre-conscious) 상태도 아니고 이원적 목소리 속에 있는 것과 같은 상태도 아닙니다. 그 상태는 후後의식 자각상태(post-consciousness awareness)입니다. 이 상태에 있는 우리는 상처받기 쉬운 아기처럼 꾸밈없고 팔팔하지만 지혜와 자비심을 지니고 일상을 사는 성숙한 인간의 지혜와 의식을 모두 갖추고 있습니다.

***

좌선, 빅 마인드 과정 등등의 모든 수행법은 하나의 방편이다. 이런 것들의 목적은 모두 우리로 하여금 의식과 자각과 인격을 쌓아 진실로 지혜와 자비의 자리로부터 움직여 살 수 있게 하는 것이다.

그것이 진짜 요지이다. 그것이 선의 요지이고 불교의 요지이고 내가 아는 모든 위대한 종교적, 학문적 전통의 요지이고 이 책의 요지이다. 우리 중 점점 더 많은 사람들이 모든 존재 ― 즉 모든 생물과 바위, 산, 지구 같은 모든 무생물 ― 를 지혜와 자비로써 대하게 되지 않는다면, 모든 것이 정말로 우리 자신 혹은 빅 마인드의 확장 혹은 구현임을 깨닫게 되지 않는다면, 우리는 그 분리의 망상이 불러일으키는 두려움과 질투와 탐욕과 미움에 빠져서 헤어나지 못할 것이다. 자신을 위대한 대지와 산과 강과 대양과 동떨어진 하나의 분리된 존재로 본다면 우리는 서로가 서로를, 그리고 지구를 학대하게 될 것이다. 그러므로 지금은 우리가 정말로 깨어나 지혜와 자비와 깨어 있는 의식으로써 살아가야만 할 때이다.

전문가들은 인류라는 종과 지구상의 거의 모든 생명체의 생존에 가장 치명적일 수 있는 일곱 가지 위협 중 두 가지를 인간이 일으켰다고 말한다. 바로 지구온난화와 핵재앙이 그것이다. 우리가 깨어나지 않으면 백 년 안에, 혹은 그보다도 더 빨리 지금 우리가 아는 그런 세상은 더 이상 존재하지 않게 될지도 모른다. 우리가 더욱 자각하고 더욱 깨어나는 것만이 우리 자신과 우리의 아이들과 손주들과 증손주들, 그리고 더 먼 미래 세대들이 살아갈 이 지구를 구하는 길일것이다.

우리가 얼마나 급박한 상황에 처해 있는지, 모두의 협력이 얼마나 절실한지를 알고 있는 지도자들도 많다. 우리는 전체의 팀워크을 위해 서로 조화를 이루어 한 몸이 되어 노를 젓는 사공들처럼 서로 협동해야만 한다. 지금껏 한 번도 진정으로 그래 본 적이 없다고 할지라도, 지금은 서로를 상대로 싸울 때가 아니라 우리 안에 잠재한 파괴적인 힘을 상대로 싸워야만 할 때이다. 우리가 함께 타고 가고 있는 이 배를 침몰시킬 그 잠재력 말이다.

지금은 또한 기회의 시대이기도 해서, 역사상 가장 흥미진진한 시기의 하나로 남을 수도 있다. 세상의 두 위대한 힘, 즉 동양과 서양의 지혜가 마침내 하나로 합쳐지고 있다. 물론 동서양은 수백 년을 함께 걸어왔다. 하지만 동양의 종교적 전통이 서양에서 뿌리를 내리고 동양의 선사들이 그 뿌리를 서양인에게 전해주고, 또 우리 서양인들이 오직 현시대에만 진정으로 가능한 통합의 방식으로 그 뿌리를 키우는 일은 정말이지, 오직 지난 반세기 동안에만 일어날 수 있었던 일이다. 우리 서양인들이 과거 유산의 일부로 함께해온 철학과 종교와 심리학과 예술과 과학기술이 모든 다양한 동양적 전통의 서양인 계승자, 그 첫 세대들 사이에서 마침내 동양의 지혜와 합쳐지고 있는 것이다. 물론 이것은 상호적인 과정이고, 따라서 아시아에서도 똑같은 일이 일어나길 바란다. 이런 방식이 아니고서야 우리의 세상이 어떻게 완전해지고 온전해질 수 있겠는가?

나는 지구의 의식수준을 끌어올리는 데 보탬이 되고자 하는 노력의 일환으로서 이 책을 썼다. 그리고 이 같은 의식수준의 상승은 역사상 이 시대에 와서 가장 절실히 요구되고 있다. 한 종으로서 인류가 살아남고자 한다면, 여태까지 온갖 위대한 영적 전통들을 따르던

극소수의 선택받은 엘리트 구도자들에게만 가능했던 깨달음이 더욱 많이 일어나게 하는 것이야말로 우리가 앞으로 이뤄야 할 과제이다. 오늘날 우리가 지닌 기술적, 영적인 지식들을 고려할 때 우리에게는 그 어떤 어려운 세계적 문제도 해결해낼 수 있는 힘이 있다. 우리가 모두 함께 지혜와 자비, 즉 빅 마인드와 빅 하트로 기꺼이 대처하기만 한다면 말이다.